W0023184

Ruth Morgenegg
**Artgerechte Haltung – ein Grundrecht
auch für (Zwerg-) Kaninchen**

Ruth Morgenegg

Artgerechte Haltung – ein Grundrecht auch für (Zwerg-) Kaninchen

tbv

© tb-Verlag
Fax: +41 (0) 44 761 92 09
E-Mail: tb-verlag@bluewin.ch

1. Auflage 2000
2. leicht veränderte Auflage 2002
3. überarbeitete Auflage 2003
4. leicht veränderte Auflage 2005
5. leicht veränderte Auflage 2007

Lektorat: Anita Oehy
Scan/Lithos: Die Werbewerkstatt, Affoltern am Albis
Druck: Longo AG, I - 39100 Bozen

Printed in Italy

ISBN 3-9522661-1-6

Inhalt

Vorwort von Andreas Steiger, Professor für Tierhaltung und Tierschutz	7
Wie meine Leidenschaft für Kaninchen begann	9
Auch Zwergkaninchen sind Kaninchen	13

1	Kleiner Exkurs in die Welt der Wildkaninchen	15
2	Wenn artgerecht mehr sein soll als nur ein Wort	19
3	Die Grundbedürfnisse des Kaninchens	23
4	Aussenhaltung: naturnaher Lebensraum im Freien	33
5	Das Kaninchengehege: Planung und Bauvorschläge	45
6	Gestaltung und Pflege des Aussengeheges	61
7	Innenhaltung: wenn die Wirklichkeit Kompromisse verlangt	77
8	Die Anschaffung von Kaninchen	93
9	Das einmalige Sozialverhalten	109
10	Fortpflanzung und Geburtenkontrolle	127
11	Ernährung und Verdauung	139
12	Gesundheit ist nicht Zufall	153
13	Gemeinsame Haltung von Kaninchen und Meerschweinchen	171

Das Kaninchen im Spannungsfeld zwischen Heimtier und Nutztier	177
Im Zweifelsfall fragen	179
Ein Blick hinter die Kulissen der Nagerstation	189
Anhang	194
Register	195
Über die Autorin und ihr Wirken *von Marianne Wengerek*	199

Was wir heute dem Tier tun, das tun wir fühlenden Wesen, Wesen deren seelisches Leben Schmerz und Freude kennt wie das unsere, das tun wir verwandtem Leben, das leidensfähiger ist, als wir ahnten. Wir stehen also in einer neuen Situation, weil wir ein anderes Wissen haben als die Vergangenheit und damit eine ungleich grössere Verantwortung.

Julie Schlosser

Vorwort

Gemäss einer 1994 durchgeführten Umfrage bei Schweizerinnen und Schweizern, die Heimtiere halten, waren sich 69 % der Befragten zwar bewusst, dass Kaninchen eigentlich die Gesellschaft anderer Tiere brauchen, aber nur 42 % hielten ihre eigenen Kaninchen in Gruppen. Ähnliche Ergebnisse in Bezug auf Meerschweinchen und Ziervögel weisen auf lückenhafte Kenntnisse über die biologischen Ansprüche der verschiedenen Tierarten sowie auf Mängel bei der Heimtierhaltung hin.

Kaninchen, besonders Zwergkaninchen, sind beliebte Heimtiere. Viele von ihnen werden jedoch aus Unkenntnis ihr Leben lang unter nicht artgerechten Bedingungen gehalten. «Leider ist das Wissen über die wirklichen Ansprüche von Kaninchen noch immer kaum verbreitet», stellt die Autorin fest. «Aufklärung tut Not.»

Ausgehend von ihrer grossen Erfahrung, stellt Ruth Morgenegg engagiert, anschaulich, praxisnah und in leicht lesbarer Form die Grundbedürfnisse von Kaninchen dar: Sozialkontakt mit Artgenossen, Bewegung, Nagen, Graben, Sichverstecken, Überblick im Gehege, Abwechslung und Ruhepausen. Daraus werden die Anforderungen an eine tiergerechte Haltung im Freien und im Haus abgeleitet, wobei viele praktische Tipps die konkrete Umsetzung erleichtern. Fragen von Kaninchenhalterinnen und -haltern finden ebenso Aufnahme wie zahlreiche Fotos.

Die schweizerische Tierschutzgesetzgebung regelt zwar die Haltung von (Zwerg-)Kaninchen. Dabei handelt es sich jedoch lediglich um Mindestanforderungen, die keine optimalen Lebensbedingungen für die Tiere gewährleisten. Bei Nutz- oder Versuchstieren können wirtschaftliche oder versuchsbedingte Faktoren für Einschränkungen im Bereich der Haltung geltend gemacht werden. Nicht so bei der Heimtierhaltung von Kaninchen: Bei Tieren, die uns über viele Jahre hinweg anvertraut sind, ist es in besonderem Masse angezeigt, bezüglich Haltung wesentlich über die gesetzlichen Mindestanforderungen hinauszugehen.

Die Autorin appelliert an die Verantwortung jener, die Kaninchen besitzen oder anzuschaffen gedenken, und möchte «viele Menschen für das Wesen und die wirklichen Bedürfnisse von Kaninchen sensibilisieren». Möge das Buch die Aufmerksamkeit einer breiten Leserschaft finden und zahlreichen Tieren zu ihren Grundrechten und damit zu besseren Lebensbedingungen verhelfen.

> Andreas Steiger
> Professor für Tierhaltung und Tierschutz
> an der Vet.-med. Fakultät der Universität Bern

Wie meine Leidenschaft für Kaninchen begann

Vor vielen Jahren wurde ich, was gewiss ungewöhnlich ist, in unserer Tierarztpraxis mit einer Naturalgabe entschädigt: einem Kaninchen, einem samtweichen, munteren Kaninchen. Weil ich jedoch völlig überrascht war und vorgängig keine Gelegenheit gehabt hatte, mich mit dieser Tierart zu beschäftigen, begann die Geschichte meines Kaninchens wie die Leidensgeschichte Tausender seiner Artgenossen: Es lebte allein in ziemlich enger Behausung.

Schon bald fühlte ich jedoch, dass mein Kaninchen trotz ausgiebiger Zuwendung sehr einsam war. So entschloss ich mich, ihm ein Meerschweinchen beizugesellen, wie viele andere das auch tun, denn damals wusste ich es noch nicht anders.

Je intensiver meine Beziehung zu den mir anvertrauten Tieren wurde, desto deutlicher wurde mir jedoch bewusst, dass diese Zweisamkeit zwischen Kaninchen und Meerschweinchen nicht die Lösung war. Die beiden waren zwar lieb zueinander und schienen sich gut zu verstehen, doch das gewisse Etwas fehlte.

So sollten Kaninchen nicht gehalten werden. Ein Käfig ist zu eng und kann nicht tiergerecht eingerichtet werden.

Als nächster Schritt folgte der Bau eines Aussengeheges, das mir erlaubte, jedem der Tiere einen Artgenossen beizugesellen. Was ich nun erlebte, überraschte mich, bereitete mir grosse Freude und weckte meine Leidenschaft für diese Tiere: Ich konnte ihr munteres Treiben beobachten, ihre Bewegungslust, ihre Geselligkeit. Jedes der Tiere hatte nun einen Partner, der seine Sprache verstand. Endlich war mein Kaninchen nicht mehr einsam. Von diesem Moment an war mir klar: Ich wollte mich künftig in besonderer Weise für diese Tiere einsetzen.

Ehrlich bemüht, meine Kaninchen tiergerecht zu halten, erfuhr ich jedoch sehr schnell am eigenen Leibe, dass das nicht so einfach ist: Die Tiere gruben sich unter dem Zaun durch, übersprangen ihn und liessen sich am Abend nicht einfangen – um nur einige der Schwierigkeiten zu nennen, mit denen ich konfrontiert war und die mir am Anfang fast gänzlich den Mut nahmen. Literatur, die mir weitergeholfen hätte, fand ich keine. So blieb mir nichts anderes übrig, als Schritt für Schritt meine eigenen Erfahrungen zu machen.

Seit damals ist viel Zeit vergangen. Die Nagerstation wurde gegründet und in all den Jahren haben wir Hunderte von Kaninchen vermittelt und mit anderen Artgenossen zusammengeführt. Leider ist das Wissen über die wirklichen Bedürfnisse von Kaninchen noch immer kaum verbreitet. Im Gegenteil: Ansichten wie «Kaninchen sind Einzelgänger» oder «Es sind herzige Schmusetiere» oder «Ein Kaninchen gehört in einen Kaninchenstall» halten sich hartnäckig. In Wirklichkeit aber ist das Kaninchen ein Sippentier, das sich wie ein Wildkaninchen verhalten möchte und viel Platz braucht. Diese Tierart wird in ihren Grundbedürfnissen weitgehend verkannt und bezahlt dafür allzu oft mit einem Leben unter bedauernswerten Umständen. Es ist uns deshalb ein grosses Anliegen, diesem Notstand entgegenzutreten und für die Interessen dieser Tiere einzustehen.

Aufklärung tut Not. Tausende von Anrufen haben uns in den letzten Jahren erreicht. Viele Fragen und Probleme wurden an uns herangetragen. Die grosse Zahl von Kaninchen auf dem Behandlungstisch in unserer Tierarztpraxis spricht ebenfalls eine deutliche Sprache: Die meisten Krankheiten und Verhaltensstörungen von Kaninchen sind zweifellos die Folge unsachgemässer Haltung, Pflege und Ernährung. Aber das muss nicht so bleiben. Je besser eine breite Öffentlichkeit über die Grundsätze der artgerechten Kaninchenhaltung informiert ist, umso grösser ist die

Chance, dass Vorurteile in Frage gestellt und verbreitete Irrtümer korrigiert werden. Wir möchten mit diesem Buch viele Menschen für das Wesen und die wirklichen Bedürfnisse von Kaninchen sensibilisieren.

Die folgenden Ausführungen basieren auf den Erfahrungen und Erkenntnissen, die wir im Verlauf der vielen Jahre in der Tierarztpraxis, auf der Nagerstation und am Nager-Beratungstelefon gesammelt haben. In diesem Buch soll das Wohlergehen der Kaninchen im Mittelpunkt stehen. Deshalb berücksichtigen wir keine kommerziellen Interessen und verzichten bewusst auf Hinweise zu Rassenkunde und Zucht.

Auch Zwergkaninchen sind Kaninchen

Seit über hundert Jahren werden Zwergkaninchen gezüchtet und zum Kauf angeboten. Und man hat mittlerweile den Eindruck gewonnen, es handle sich dabei um eine ganz eigene Tierart: bedürfnislose, kleine Wollknäuel, die brav in ihrem Käfig sitzen und sich geradezu anbieten, gestreichelt und geknuddelt zu werden.

Welches Erwachen, wenn so ein kleiner Liebling dann plötzlich mit Klopfen, Gitternagen, Beissen und Kratzen zu rebellieren beginnt! Spätestens dann dämmert langsam die Erkenntnis: Auch Zwergkaninchen sind Kaninchen. Nicht nur ein bisschen. Nicht nur in gewisser Hinsicht. Nein. Sie sind von der Ohrspitze bis zu den Krallen durch und durch «richtige» Kaninchen! Ebenso wie alle ihre gross gewachsenen Artgenossen stammen sie vom Wildkaninchen ab und haben die gleichen Veranlagungen und Grundbedürfnisse. Sie sind sehr kontakt- und bewegungsfreudig, können springen und Haken schlagen, Äste durchbeissen und Löcher graben. Wer dies erkennt, wird sich Gedanken machen über das Schicksal zahlloser Zwergkaninchen, die meist einzeln in kleinen Käfigen sitzen und manchmal nur als dekorativer Wohnungsgegenstand dienen.

> **Zwergkaninchen sind keine speziell herangezüchteten, bedürfnislosen Tiere, sondern ganz und gar «richtige» Kaninchen, die sich gleich verhalten wie ihre grösseren Artgenossen.**

Die Zucht und der Verkauf von Zwergkaninchen scheinen sich zu einem rein kommerziell orientierten Markt entwickelt zu haben, in dem das Wohl der Tiere keine grosse Bedeutung mehr hat. Die Zwergkaninchen werden möglichst klein und vielfach in ihrem Erscheinungsbild extrem gezüchtet, was gesundheitliche Probleme zur Folge haben kann, und im Handel oft viel zu jung zum Kauf angeboten, damit sie auch sicher süss und niedlich aussehen und zu Spontankäufen verführen. Wer kann einem so putzigen kleinen Wesen, das einen mit grossen Augen anschaut, schon widerstehen! Für eine psychisch und physisch gesunde

Entwicklung sollte ein Kaninchen jedoch mindestens zehn Wochen bei seiner Familie bleiben. Im Handel als «Zwergkaninchen» verkaufte Jungtiere entpuppen sich nicht selten als Angehörige einer mittleren Rasse und wachsen innert kürzester Zeit um das Sechsfache.

Im Fachhandel werden zudem meist nur kleine Käfige angeboten, die für einen Winzling anfänglich noch gross genug zu sein scheinen. Innert weniger Wochen erweist sich die Behausung jedoch als viel zu klein. Dieser Umstand wird in der Regel nicht angesprochen, sondern mit dem Rat übergangen, man möge sich am besten für ein Einzeltier entscheiden, sich viel mit ihm beschäftigen und es zwischendurch ausserhalb des Käfigs ein wenig herumhoppeln lassen. Vergessen geht dabei, dass Kaninchen sich nur unter Artgenossen wohl fühlen und weder ein Mensch noch ein artfremdes Tier wie ein Meerschweinchen ihm einen solchen Artgenossen ersetzen können. Unberücksichtigt bleibt auch, dass Kaninchen sich sehr viel bewegen müssen, weil sonst ihre Muskulatur verkümmert und Verhaltensstörungen auftreten.

Zwergkaninchen haben die gleichen Anlagen und Bedürfnisse wie grosse Kaninchen.

Auch Zwergkaninchen sind Kaninchen! Ausser hinsichtlich ihrer Grösse unterscheiden sie sich in nichts von einem kräftigen, mehrere Kilogramm schweren Tier einer grossen Rasse. Vieles wird jedoch in sie hinein projiziert, und ihr Wesen und ihre Bedürfnisse werden verkannt oder missachtet. Alles, was im Folgenden über Kaninchen ausgesagt und im Hinblick auf ihre artgerechte Haltung erläutert wird, gilt ohne Ausnahme auch für Zwergkaninchen.

1 Kleiner Exkurs in die Welt der Wildkaninchen

Wer unsere Hauskaninchen verstehen will, wirft mit Vorteil einen Blick ins Reich der Wildform. Da lässt sich einiges beobachten und lernen, das uns bei unseren domestizierten Tieren in sehr ähnlicher Form wieder begegnet, denn das Wildkaninchen ist die Stammform sämtlicher Hauskaninchenrassen.

Wildkaninchen sind im südwestlichen Europa beheimatet, kommen aber auch in einzelnen Regionen unseres Landes noch vor. Als ausgesprochen gesellige Tiere leben sie revierbezogen in Familien mit strengen Hierarchien. Mehrere Familien schliessen sich zu Kolonien zusammen.

Mit grossem Eifer graben die Tiere weit verzweigte Röhrensysteme mit mehreren Ein- und Ausgängen sowie einem eigentlichen Wohnkessel. Einen besonderen Bau gestaltet die Kaninchen-Mutter vor der Geburt. Diese Höhle polstert sie mit Haaren aus und wirft dort schliesslich ihre vier bis zwölf Jungen. Nur ein Mal pro Tag säugt sie die Kleinen und verschliesst danach den Höhleneingang, so dass nichts mehr zu sehen ist und die Jungtiere auf diese Weise optimal geschützt sind.

Wenn ein Wildkaninchen erschrickt, dann klopft es mit den Hinterläufen kräftig auf den Boden und warnt so die anderen Tiere vor der drohenden Gefahr. Blitzartig verschwinden alle in ihren Erdhöhlen. Kurze Strecken können Wildkaninchen sehr schnell laufen. Gefährlich wird es für sie immer wieder, denn sie haben zahlreiche natürliche Feinde wie Bussard, Habicht, Fuchs, Iltis oder Wiesel. Die grossen Verluste werden durch intensive Vermehrung der Tiere wieder ausgeglichen. Fehlen natürliche Feinde, dann kann die ungebremste Fortpflanzung dazu führen, dass die Wildkaninchen Pflanzenkulturen vernichten und zu einer eigentlichen Plage werden.

Wildkaninchen weisen eine typische Färbung auf, die als wildfarben bezeichnet wird: Ihr Rücken ist grau-braun, der Bauch hellgrau-weiss und leuchtend weiss die Schwanzunterseite. Die Tiere sind klein und wiegen nur ein bis zwei Kilogramm. Zoologisch werden sie anders eingeordnet, als man dies vielleicht erwarten würde. Sie gehören nicht zu den Nagetieren, obwohl sie ständig wachsende Nagezähne haben und in Körper-

Kaninchen sind keine Hasen und damit keine Einzelgänger.

bau, Lebensweise und Verhalten den Nagern sehr ähnlich sind. Kaninchen werden der Familie der Hasenartigen zugeordnet. Zwar von hasenähnlicher Gestalt, dürfen sie jedoch keinesfalls mit dem Hasen verwechselt werden.

■ *«Dieses Häschen ist ein typischer Einzelgänger, das können Sie mit gutem Gewissen alleine halten», erklärt die Verkäuferin.*

Kaninchen und Hase sind nicht einmal verwandt miteinander und unterscheiden sich in vielen Merkmalen. Ihre Lebensräume und Lebensweisen sind sehr verschieden. Kaninchen sind gesellige Tiere, Hasen hingegen gelten als Einzelgänger, auch wenn sie meistens paarweise leben. Die Tatsache, dass Hasen keine Sippentiere sind, wird oft zur Rechtfertigung der Einzelhaltung von Kaninchen herangezogen. Kaninchen sind Grabtiere, Hasen Lauftiere. Junge Kaninchen sind so genannte *Nesthocker*, das heisst, sie werden nackt, blind und taub geboren und bleiben über längere Zeit schutzbedürftig. Im Gegensatz dazu sind die Jungtiere der Hasen *Nestflüchter*, die behaart geboren werden wie kleine Meerschweinchen auch, gleich nach der Geburt sehen und herumkrabbeln können und sehr früh selbständig sind. Hasen und Kaninchen können sich untereinander *nicht* paaren.

> **Kaninchen und Hase sind nicht verwandt und unterscheiden sich wesentlich voneinander. Im Gegensatz zum Hasen leben die Kaninchen in grossen Kolonien und sind sehr sozial.**

Die verschiedenen Hauskaninchenrassen stammen alle vom Wildkaninchen ab. Vom Hasen hingegen gibt es keine Haustierform. Bei den im Verkauf erhältlichen Tieren handelt es sich ausschliesslich um domestizierte Kaninchen.

2 Wenn artgerecht mehr sein soll als nur ein Wort

Artgerechte Tierhaltung ist ein Begriff, der zu unserem modernen Wortschatz gehört. Das Wohl der Tiere und unsere ethische Verantwortung ihnen gegenüber gewinnen zunehmend an Bedeutung. Dennoch ist allzu grosser Optimismus bezüglich artgerechter Tierhaltung fehl am Platz. Das Wort allein macht nämlich noch nicht die Sache. Auch wenn artgerechte Tierhaltung in aller Munde ist, so ist sie damit noch lange nicht verwirklicht.

Der Grundkonflikt zwischen kommerziellen und tierschützerischen Interessen wird nie ganz aufzulösen sein. Das gilt auch für die Haltung von Kaninchen als Heimtiere. Manches ist bekannt über das Wesen, Verhalten und die Bedürfnisse dieser Tiere. Was jedoch fehlt, ist die Umsetzung dieser Erkenntnisse bei der Wahl und Gestaltung des Lebensraums. Da wirklich artgerechte Kaninchenhaltung anspruchsvoller, aufwändiger und teurer ist als konventionelle Käfighaltung, hat sie es schwer, sich durchzusetzen. Wenn Tierbesitzer zum entsprechenden Mehraufwand nicht bereit sind, bleibt «artgerecht» nur ein Wort.

In diesem Buch sollen möglichst tiergerechte Haltungsformen für Zwergkaninchen und Kaninchen aufgezeigt werden. Dabei geht es nicht nur um die praktischen Fragen: Was? Wo? Wie? Warum? Bei der Umsetzung artgerechter Tierhaltung ist der ganze Mensch gefordert, mit Kopf, Herz und Hand. Wissen ist notwendig, aber auch Verbundenheit mit den Tieren, Einfühlungsvermögen und zwei geschickte Hände, die zupacken können. Artgerechte Tierhaltung fordert viel von uns.

Kaninchen können zehn Jahre alt werden. Es ist nicht einfach, die nötige Motivation für die zuverlässige Pflege unserer Tiere über eine so lange Zeit hinweg aufzubringen. Am ehesten gelingt das, wenn wir uns ganz allgemein um einen sensiblen und respektvollen Umgang mit der Natur bemühen. Dadurch erkennen wir, welche Verantwortung wir mit der Domestikation von Tieren auf uns genommen haben: Der Mensch hat die betroffenen Tiere aus ihrem natürlichen Lebenszusammenhang herausgelöst. Das macht sie völlig von uns abhängig.

Bei guter Betreuung ist auch ein domestiziertes Kaninchen wetterfest und geniesst den Schnee. Foto: E. Hunziker

■ *«Wir halten unseren Lumpi sicher artgerecht. Wir spielen mit ihm und er kann auch viel im Zimmer herumspringen.»*

In freier Wildbahn sind Kaninchen mit jenen Aktivitäten beschäftigt, die zum harten Überlebenskampf gehören: Sippenbildung, Graben der Höhlensysteme, Rangordnungskämpfe, Futtersuche, Paarung, Aufzucht der Jungen usw. Ein Kaninchen, das allein in seinem kleinen Käfig sitzt, kann nichts von all dem tun, sondern ist zu tödlicher Langeweile verurteilt. Daran ändert sich auch nichts, wenn wir eine Stunde pro Tag mit ihm spielen oder es eine Weile im Wohnzimmer herumhoppeln lassen.

Kaninchen, die als Heimtiere gehalten werden, sind ihren Besitzerinnen und Besitzern ausgeliefert. Sie haben keine Möglichkeit, ihre Lebenssituation aus eigener Kraft zu verändern. Die Verantwortung für ihr Wohl liegt ganz bei uns. Unsere Pflicht besteht darin, ein Stück naturnahen Lebensraum nachzubilden und mindestens zwei Kaninchen zusammen zu halten. Das ermöglicht ihnen Beschäftigungen wie Bewegung, Graben, Nagen und Kontaktpflege.

> Um Kaninchen artgerecht halten zu können, müssen wir uns an ihrer ursprünglichen Lebensweise orientieren und ein Stück naturnahen Lebensraum für sie nachbilden.

Bei artgerechter Haltung müssen die Tiere ihrer genetischen Veranlagung nach leben können. Nur Haltungsformen, die das ermöglichen, verdienen das Gütezeichen «artgerecht». Andere nicht. Denn das Wort allein macht noch nicht die Sache.

Mit viel Einfühlungsvermögen gegenüber den Bedürfnissen von Kaninchen wird artgerechte Haltung möglich.

Die Grundbedürfnisse des Kaninchens im Überblick

- Sozialkontakt mit Artgenossen → Nie Einzelhaltung!
- Bewegung → Grosser Lebensraum
- Nagen → Natürliche Nagematerialien
- Graben → Naturboden
- Sichverstecken → Hütte und Unterstände
- Überblick → Erhöhte Ebenen
- Abwechslung → Veränderungen im Gehege
- Ruhepausen → Rücksichtnahme

3 Die Grundbedürfnisse des Kaninchens

Beim Stichwort «Grundbedürfnisse» denken wir zuerst an eine geschützte Behausung, Nahrung und Schlaf. Sowohl Mensch als auch Tier brauchen für ein erfülltes Leben, das ja mehr ist als blosses *Überleben*, die Möglichkeit, sich ihren Anlagen gemäss entfalten zu können. Wer bemüht ist, seinen Kaninchen ein artgerechtes Leben zu bieten, muss deshalb ihre Grundbedürfnisse kennen.

Das entsprechende Wissen erwirbt man nicht am Schreibtisch, sondern durch bewusste, sorgfältige Beobachtung und viel Einfühlungsvermögen. Die Frage heisst eigentlich ganz einfach: Was machen die Tiere den lieben langen Tag, wenn ihr Lebensraum ihnen erlaubt, das zu tun, was sie tun wollen? Womit verbringen sie ihre Zeit? Was machen sie häufig, was selten, was gar nicht?

Wir haben über viele Jahre hinweg eine grosse Zahl von Kaninchen beobachtet und verglichen und stellen fest, dass sie in ihrem Charakter und Temperament sehr verschieden sind. Haben Kaninchen die Möglichkeit, in einem grossen Aussengehege zu leben, zeigen sie äusserst vielfältige Verhaltensweisen, die Rückschlüsse auf ihr Wesen und ihre zentralen Bedürfnisse erlauben. Und es wird deutlich, dass das Verhalten unserer Hauskaninchen weitgehend dem ihrer wild lebenden Artgenossen entspricht. Wenn wir unsere Kaninchen artgerecht halten wollen, sollten wir uns deshalb an der Lebensweise der Wildform orientieren.

Kaninchen sind Gemeinschaftstiere

Kaninchen leben in grossen Gruppen. Sie sind sehr gesellige Tiere, die in einem Sozialgefüge leben und stark aufeinander bezogen sind. Es ist für sie ganz wichtig, wer in der Hierarchie oben steht und wer unten. Jedes Kaninchen hat seinen Platz in der Gruppe. Entweder mögen sich zwei Tiere und drücken das auf vielfältige Weise aus; oder sie stehen einander skeptisch bis feindlich gegenüber und kennen auch dafür verschiedene Ausdrucksformen. Aber gleichgültig sind sie sich nie (vgl. Kapitel 9, Das einmalige Sozialverhalten).

■ *«Unser Hoppel gehört ganz zur Familie», erklärt uns Frau D. «Er vermisst ganz bestimmt nichts!»*

Gesellschaft ist für jedes Kaninchen sehr wichtig. Ein einzeln gehaltenes Tier leidet mit Sicherheit, auch wenn so viele Menschen das nicht sehen und wahr haben wollen. Hier darf es keine Kompromisse geben. Einzelhaltung ist in jedem Fall strikt abzulehnen und hat, unabhängig vom Lebensraum des Tieres, mit artgerechter Kaninchenhaltung nichts mehr zu tun. Wichtig ist zu wissen, dass *nur ein anderes Kaninchen* dieses Bedürfnis nach Gesellschaft stillen kann, nicht aber der Mensch oder ein artfremdes Tier wie etwa ein Meerschweinchen, das oft irrtümlicherweise dem Kaninchen als alleiniges Partnertier beigesellt wird. Jedes dieser Tiere verfügt über eigene Ausdrucksmöglichkeiten und zeigt besondere Verhaltensmuster, die nur von einem Artgenossen verstanden werden können. Mit einer fremden Tierart oder dem Menschen ist wohl friedliches Zusammenleben möglich, nicht aber der Sozialkontakt, den ein Kaninchen für seine gesunde Entwicklung und sein Wohlbefinden dringend braucht.

Kaninchen pflegen zu Artgenossen intensive soziale Kontakte.

> **Ein einzeln gehaltenes Kaninchen leidet. Der Mensch oder ein Meerschweinchen können ihm nicht den lebensnotwendigen Sozialkontakt bieten.**

Die Freude an der Bewegung

Wer Gelegenheit hat, Kaninchen, denen ein paar Quadratmeter Bodenfläche zur Verfügung stehen, zu beobachten, wird es bestätigen können: Was man da zu sehen bekommt, ist etwas ganz Besonderes. Kaninchen «gehen» nicht einfach, wenn sie sich fortbewegen, sondern sie machen hohe Sprünge, laufen, schlagen Haken und hoppeln und zeigen damit eine ganze Reihe verschiedenartiger Bewegungen und Bewegungsabläufe. Nicht immer will dabei ein bestimmtes Ziel im Gehege erreicht werden. Oft geht es einfach nur um den Ausdruck von Lebensfreude, um die reine Lust, sich zu bewegen.

> Kaninchen sind sehr bewegungsfreudig. In einem kleinen Käfig verkümmert ihre Muskulatur.

Kaninchen haben ausserordentlich kräftige Hinterläufe. Man braucht ganz schön Kraft, um ein ausgewachsenes Kaninchen festzuhalten und hochzuheben, wenn es sich mit den Hinterbeinen wehrt. Erstaunlich ist auch, wie leicht Kaninchen aus dem Stand auf weit erhöht liegende Flächen zu springen vermögen. Sie tun das mit grosser Leichtigkeit, so als würde es sie nicht die geringste Anstrengung kosten. Bei regelmässiger

Kaninchen haben einen starken Bewegungsdrang, dem sie aber nur bei reichlichem Platzangebot nachgeben können.

Bewegung entwickeln Kaninchen kräftige Muskeln. Verbringt ein Tier jedoch seine Tage sitzend in einem kleinen Käfig, so verkümmert seine Muskulatur. Allein schon aus diesem Grund ist artgerechte Haltung in einem Käfig unmöglich.

Kaninchen nagen, auch wenn sie keine Nagetiere sind

Nagen ist eine sehr wichtige und notwendige Beschäftigung, um das Gebiss gesund zu erhalten. Die ständig nachwachsenden Zähne müssen abgeschliffen werden.

Kaninchen gehören zoologisch gesehen nicht zu den Nagetieren, ihr Nagetrieb ist aber genau so stark wie bei einem Nagetier. Das ausgeprägte Nageverhalten ist ihnen angeboren und lebenswichtig für sie, damit sich ihre Zähne, die wie unsere Nägel zeitlebens wachsen, gegenseitig abnützen. Es liegt an uns, den Tieren natürliche Nagematerialien aus Wald und Garten anzubieten, damit sie ihr Nagebedürfnis auf angemessene und tiergerechte Art befriedigen können: verschiedene Hölzer, Äste und Rinden- oder Wurzelstücke. Mit Begeisterung knabbern die Kaninchen daran herum und beschäftigen sich auf diese Weise.

Kaninchen brauchen stets natürliche Nagematerialien aus Wald und Garten. Brot ist zu diesem Zweck nicht geeignet.

Graben ist mehr als nur Zeitvertreib

Leben Kaninchen auf Naturboden, beginnen sie, kaum ausgewachsen, mit ihren Vorderläufen beachtliche Löcher zu buddeln. Dabei bringen sie die schöne Ordnung im Gehege etwas durcheinander, verändern die Bodenstruktur und tauchen ganz schmutzig wieder auf. Plötzlich ist da ein Hügel, wo vorher alles flach war. Aus dem Loch wird recht bald ein richtiger Gang, der so tief in die Erde reicht, dass sein Ende mit dem ausgestreckten Arm nicht mehr zu ertasten ist.

Das ist völlig normal. Auch Männchen, aber vor allem Weibchen beginnen damit, Gänge und Höhlen zu graben. Dieses Verhalten ist seit Urzeiten in ihnen angelegt. Dabei geht es für die Tiere keineswegs nur um einen schönen Zeitvertreib,

Auch domestizierte Kaninchen wollen graben.

sondern um etwas Lebensnotwendiges. In freier Wildbahn bauen sie sich auf diese Weise ihre Behausungen, wo sie Schutz vor der Witterung und natürlichen Feinden finden und die Weibchen in besonderen Höhlen ihre Jungen zur Welt bringen und aufziehen. Daher müssen Kaninchen graben können. Dies gilt auch für Zwergkaninchen, entgegen der weit verbreiteten Annahme, bei ihnen sei dies anders.

> Auch Zwergkaninchen graben. Für sie wie für alle Kaninchen ist diese Beschäftigung sehr wichtig.

Unsere Heimtiere hätten das Graben eigentlich gar nicht mehr nötig, sie haben ja ihre Hütten. Aber rein instinktmässig zeigen die Kaninchen auch unter künstlichen Haltungsbedingungen stets ihre ursprünglichen Verhaltensweisen, unabhängig davon, ob das für uns Sinn macht oder nicht. Und wenn sie keine Erde finden unter ihren Läufen, dann buddeln sie im Einstreu herum oder zerfetzen die Zeitungen, die wir so schön als Untergrund ausgelegt haben. Es ist nicht zu ändern: Kaninchen graben, so wie Hähne eben krähen. Das gehört einfach dazu.

Kaninchen sind schutzbedürftige «Höhlenbewohner»

In freier Wildbahn ist es für Kaninchen wie erwähnt überlebenswichtig, Gänge und Höhlen zu graben, um sich vor ihren natürlichen Feinden zu schützen. Nur durch blitzartige Flucht ins nächste Loch können sie sich bei einem Angriff retten. Die Höhlensysteme werden weit verzweigt angelegt und haben verschiedene Ein- und Ausgänge. Dies verbessert die Sicherheit, weil beim Eindringen eines Feindes immer mehrere Fluchtmöglichkeiten bestehen.

Unsere domestizierten Kaninchen sind in gewissem Sinne «Höhlenbewohner» geblieben, denn das Bedürfnis, sich an geschützte Orte wie eine Hütte, einen Stall oder sonst einen Unterschlupf zurückzuziehen, ist tief in ihnen verankert. Das Fehlen solcher Verstecke bedeutet für sie grossen Stress. Und obwohl Kaninchen wetterfest sind und auch tiefe Temperaturen sowie Regen und Schnee gut vertragen, brauchen sie dennoch stets mehrere trockene Aufenthaltsorte.

> Kaninchen brauchen eine Hütte oder einen Stall als schützende, trockene «Höhle» sowie viele andere Rückzugsmöglichkeiten, die ihnen Sicherheit vermitteln.

3 Die Grundbedürfnisse des Kaninchens | 29

Auch guter Überblick ist wichtig

Kaninchen ziehen sich nicht nur in geschützte Unterschlüpfe zurück, sondern lieben es auch, erhöhte Ebenen aufzusuchen. Das kann ein offener Dachstock sein oder eine unbedeckte Fläche, die über dem Boden angebracht ist. Auch andere erhöhte Plätze wie etwa ein Baumstrunk oder eine seitwärts gestellte Kiste sind beliebt. Hauptsache, die Aussicht ist gut und der Überblick gewährleistet. Kaninchen halten sich gerne und häufig an solchen Orten auf, vor allem, wenn sie sich in einem Gehege sicher fühlen. Auf ihrem Ausguck machen sie dann am liebsten auch gleich noch das Männchen, was eine für sie typische Verhaltensweise ist, um noch weiter sehen zu können.

Kaninchen halten sich gerne auf erhöhten Ebenen auf.

Abwechslung statt Eintönigkeit

Für unsere Hauskaninchen fällt der tägliche Überlebenskampf, wie ihn ihre wild lebenden Artgenossen bestehen müssen, weg. Das Leben ist für sie viel geruhsamer oder, anders ausgedrückt, schnell einmal langweilig. Das Futter steht vor der Nase, die Winkel im Gehege riechen alt vertraut. Selbst in einem grossen Gehege besteht die Gefahr von Eintönigkeit, wie sehr dann erst in einem kleinen Käfig! Und Langeweile macht krank. Auch für Kaninchen dauert der Tag nämlich 24 Stunden. Auch in den vielen Stunden, in denen wir uns *nicht* mit ihnen beschäftigen, sind sie da. Das tönt banal, geht aber leicht vergessen.

Ganz wichtig ist deshalb, sich bewusst zu sein, dass Kaninchen viel Abwechslung und Anregung brauchen. Da sie sich das nicht selber organisieren können, sind *wir* dafür verantwortlich. Wir müssen etwas Fantasie entwickeln, um immer wieder frischen Wind in ihren Lebensraum zu bringen.

> Langeweile macht krank. Unsere Fantasie ist gefragt, denn Kaninchen brauchen sehr viel Abwechslung und Anregung.

Ausruhen gehört auch dazu

Fressen, Kontakt pflegen, sich bewegen, nagen, graben, den Überblick behalten, Abwechslung suchen: All das sind Grundbedürfnisse des Kaninchens. Aber bei so viel emsigem Tun sind natürlich immer wieder auch Ruhepausen nötig. Und die nehmen sich die Kaninchen ausgiebig. Lange kauern oder sitzen sie an derselben Stelle, halb im Schlaf und doch immer auf der Hut, damit ihnen nichts entgeht. Mit Vorliebe werden Ruheplätze aufgesucht, die zugleich Schutz und Übersicht bieten.

Mitunter strecken Kaninchen auch alle viere von sich und liegen genüsslich und entspannt auf der Seite oder ganz ausgestreckt auf dem Bauch und machen so ihre Siesta. Vor allem trockenes, sonniges Wetter verlockt sie dazu. Dann suchen sie auch einmal einen Platz direkt «unter freiem Himmel» aus, vorausgesetzt natürlich, ein schützender Zufluchtsort ist

3 Die Grundbedürfnisse des Kaninchens 31

Auch im Schatten eines Felsens lässt es sich gut ruhen. Foto: S. Kurz / T. Dietrich

gleich in der Nähe. Das Ruhebedürfnis der Tiere ist unbedingt zu respektieren. Kaninchen spielen und tummeln sich nicht auf Kommando. Wer seine Tiere zu jeder Unzeit stört oder aufscheucht, tut ihnen damit nichts Gutes.

Missachtung der Grundbedürfnisse

Wohl bei kaum einem anderen Haustier werden die Grundbedürfnisse so sehr missachtet wie beim Kaninchen. Das Hauptproblem stellt ihre Unterbringung als Einzeltiere in engen Käfigen dar. Eine solche Haltung ist nicht tiergerecht und kann zu zahlreichen Krankheiten und Verhaltensstörungen führen. Kaninchenhaltung ist nur dann artgerecht, wenn die Tiere täglich ihren Grundbedürfnissen nachkommen können. Aufzuzeigen, wie sich das konkret verwirklichen lässt, ist Sinn und Zweck dieses Buches.

Von glücklichen Kaninchen

Von den «glücklichen Hühnern» ist schon länger die Rede, aber von glücklichen Kaninchen spricht noch kaum jemand. Wir möchten es hier tun, indem wir dafür eintreten, dass auch diese Tiere, die uns zu Tausenden als Heimtiere anvertraut sind, tiergerecht leben können. Es macht uns nachdenklich, dass oft dieselben Menschen, die sich für artgerechte Nutztierhaltung einsetzen, ihre eigenen Haustiere alles andere als artgerecht halten. Das mag verschiedene Gründe haben; einer davon ist sicher Unkenntnis bezüglich der Bedürfnisse der Tiere. Dieser Unkenntnis wollen wir mit Aufklärung entgegenwirken und dabei betonen, dass die artgerechte Haltung von Kaninchen im Freien nicht nur unseren Tieren zur Freude gereicht, sondern auch uns selbst viel Befriedigung schenkt.

4 Aussenhaltung: naturnaher Lebensraum im Freien

Die Aussenhaltung von Kaninchen kann für Mensch und Tier eine grosse Bereicherung sein und über Jahre hinweg ein spannendes und interessantes Erlebnis bleiben. Um den Bedürfnissen der Kaninchen und Zwergkaninchen gerecht zu werden, bilden wir ihnen einen möglichst naturnahen Lebensraum nach. Ein Stück Garten bietet sich hierfür geradezu an. Kaninchen, die als Gruppe in einem Gehege leben, verhalten sich ganz natürlich: Sie zeigen ihr Wohlbefinden mit Hoppel- und Hakensprüngen, spielen Verstecken, graben sich ihre im Sommer kühlen bzw. im Winter warmen Höhlen und zeigen ein intensives Sozialverhalten. Sonne, Regen, Wind und Schnee ebenso wie die Wärme des Sommers und die Kälte des Winters können den Tieren bei guter Betreuung nichts anhaben, ganz im Gegenteil: Sie geniessen das alles. Jeder, der dies schon einmal beobachtet hat, kann sich nichts anderes mehr für seine Tiere vorstellen. Die Aussenhaltung wird nicht nur den Kaninchen in hohem Masse gerecht, sondern die Freude, welche die Tiere mit ihrer Lebenslust ausdrücken, überträgt sich auch auf uns Menschen.

> Bei guter Betreuung lassen sich durch Aussenhaltung wirklich tiergerechte Lebensbedingungen für Kaninchen realisieren.

Einige Gedanken im Voraus

Aussenhaltung kann etwas sehr Schönes sein, fordert aber einigen Einsatz von uns. Deshalb sollte man vor Beginn der Planung folgende Punkte beachten:

Genügend Zeit. Die Fütterung und Beobachtung der Tiere sowie die Reinigung und Gestaltung des Geheges brauchen Zeit. Leicht vergeht dabei täglich eine Stunde. Da Kaninchen zehn Jahre alt werden können, muss uns bewusst sein, dass wir mit ihrer Anschaffung eine langjährige Verpflichtung eingehen.

4 Aussenhaltung: naturnaher Lebensraum im Freien

Die Aussenhaltung von Kaninchen bedeutet ein Stück Lebensqualität für Tier und Mensch.

Wetterfestigkeit. Das schlechte und kalte Wetter überwiegt in unseren Breitengraden. Gerade dann ist es aber wichtig, die Tiere gut zu versorgen und das Gehege gründlich zu reinigen. Je schlechter das Wetter, desto wichtiger die Pflege.

Harte Arbeit. Bei nassen Verhältnissen bedeutet die Wartung des Geheges Arbeit, bei der man leicht schmutzig wird.

Kosten. Kaninchen artgerecht, das heisst in einem grossen Aussengehege von mindestens sechs Quadratmetern für zwei bis drei Tiere unterzubringen, kostet Geld. Bei der Qualität zu sparen, lohnt sich nicht, weil das Gehege über Jahre hinweg der Witterung ausgesetzt ist.

Sicheres und praktisches Gehege. Die Haltung von Kaninchen im Freien stellt hohe Anforderungen an das Gehege. Es muss den Sicherheitsaspekten genügen und vor allem praktisch zu bedienen sein. Damit man sich an einem Aussengehege und an den Tieren über Jahre hinweg freuen kann, ist es überaus wichtig, dass die täglichen Arbeiten leicht zu verrichten sind und uns nicht zur Last werden. Komplizierte, unhandliche Gehege nehmen einem die Freude schon nach kurzer Zeit.

Das Aussengehege

Um Kaninchen ganzjährig im Freien halten zu können, ist ein stabiles Gehege nötig, in dem sich die Tiere die ganze Zeit frei bewegen können. Es ist so zu planen, dass wir die Kaninchen nachts nicht in eine Hütte oder einen Stall einsperren müssen, weil sie auch nachtaktiv sind.

Ein Aussengehege, das sich bewährt, ist

- nahe beim Haus (mit Sichtkontakt)
- gut zugänglich (aufrechte Haltung der betreuenden Person muss möglich sein)
- überdeckt und eingegraben (es muss ein- und ausbruchsicher sein)
- praktisch in der Handhabung (keine komplizierten Vorrichtungen)
- für zwei bis drei Tiere mindestens sechs Quadratmeter gross.

(Vergleiche dazu Kapitel 5, Das Kaninchengehege: Planung und Bauvorschläge.)

> Aussenhaltung bedingt ein stabiles, grosses und vor allem praktisch zu handhabendes Gehege, damit es über Jahre zur Freude aller Beteiligten sein wird.

Extreme Wetterbedingungen

Kaninchen kommen mit den Witterungsverhältnissen in unseren Breitengraden gut zurecht. Wenn ein Aussengehege die erwähnten Bedingungen erfüllt sowie gemäss den Bedürfnissen der Tiere gestaltet und gepflegt wird, können sie sowohl Wärme wie Kälte mühelos ertragen. Natürlich erreichen die Temperaturen im Sommer oder Winter gelegentlich Spitzenwerte. Aber auch sie machen nicht etwas völlig Neues nötig, sondern verlangen von uns einfach erhöhte Sorgfalt und Aufmerksamkeit bei der Betreuung unserer Kaninchen und eine gute Strukturierung bzw. Gestaltung des Geheges.

Zum Schutz vor Hitze und Regen sollten im Gehege zusätzlich zur Hütte zahlreiche luftige und trockene Schattenplätze vorhanden sein.

Grosse Hitze. Hochsommerliche Wärme und intensive Sonneneinstrahlung dürfen uns keinesfalls dazu verleiten, irgendwo ein Tuch über das Gehege zu hängen, einen Unterschlupf abzudecken oder ihn gar zu verschliessen in der Absicht, unseren Kaninchen die Hitze erträglicher zu machen. Damit erreichen wir genau das Gegenteil: Eigentliche Hitzeglocken entstehen, unter denen sich die Wärme staut und bei unseren Tieren unweigerlich zu einem Hitzschlag führt. An heissen Tagen müssen ihnen unbedingt ausreichend frisches Wasser und genügend luftige Schattenplätze zur Verfügung stehen, zum Beispiel Wurzeln mit Ausläufen oder hohle Baumstämme, überdeckt mit Ästen und mit Wasser abgespritzt. Wir sollten die Tiere sorgfältig beobachten, damit wir sofort merken, wenn eines der Kaninchen doch einmal einen Hitzschlag erleidet. Bei hohen Temperaturen ist ausserdem auf besonders gute Hygiene zu achten, um Geruchsbelästigung und einer Fliegeninvasion vorzubeugen.

> Bei hohen Temperaturen sind die Kaninchen in besonderem Masse auf luftige Schattenplätze, frisches Wasser und gute Hygiene im Gehege angewiesen.

Lange Regenperioden. Immer mal wieder kann das vorkommen: Es regnet und regnet und will nicht mehr aufhören. Bei solchem Wetter streuen wir alle gedeckten Flächen und Plätze etwas reichlicher und häufiger ein als sonst. Bei einem pyramidenförmigen Gehege kann leicht ein Teil mit Plastik abgedeckt werden.

Extreme Kälte. Auch sehr tiefe Temperaturen erfordern normalerweise keine Sondermassnahmen. Es ist jedoch wichtig, dass wir die Reinigungs- und Einstreuarbeit häufiger und besonders sorgfältig verrichten. Dabei verwenden wir mit Vorteil viel Zeitung und sparen auch mit Einstreu nicht, um dadurch die Isolation zu verbessern. Im tiefen Winter soll täglich sehr viel frisches Heu in die Hütten, auf die Flächen und in die Unterschlüpfe gegeben werden, damit die Kaninchen im Trockenen sitzen können. Wer mit Gefühl an die Sache herangeht, merkt schnell, wann was zu tun ist.

Starker Schneefall. Kaninchen sind in der weissen Pracht keineswegs hilflos. Sie hoppeln und graben darin herum, dass es eine Freude ist. Auf dem Gehegedach sollte der Schnee beiseite geschaufelt werden; sonst wird es darunter dunkel oder das Gitter bricht ein. *Im* Gehege ist Schneeräumung nur so weit notwendig, dass die Unterschlüpfe, die Hütte und die Futterstelle für uns und die Tiere zugänglich sind. Entsteht dabei ein schöner Schneehaufen, so wird das den Kaninchen bestimmt gefallen.

> Bei Kälte, Schnee und Regen brauchen die Kaninchen viele trockene Flächen und Unterschlüpfe, die reichlich mit Heu eingestreut sind.

Zusätzlicher Freilauf am Tag als Alternative zur reinen Gehegehaltung

Vielleicht besitzen Sie einen grossen Garten und sagen sich: «Am liebsten würde ich ein riesiges Gehege bauen für meine Kaninchen, wir haben so viel Platz.» Das wäre natürlich schön, ist aber schwierig zu realisieren. Dennoch besteht die Möglichkeit, den Kaninchen tagsüber unseren ganzen Garten als Tummelplatz zur Verfügung zu stellen, wenn er gegen die Strasse und den Nachbarsgarten hin gut abgegrenzt ist. Für die Nacht benötigen die Kaninchen aber ein mindestens sechs Quadratmeter grosses, ein- und ausbruchsicheres Gehege. Die Tiere können dort auch während Ihren Ferien betreut werden.

Nur tagsüber. Es versteht sich von selbst, dass solche Freiheit den Kaninchen nur als *zusätzlicher* Freilauf und nur tagsüber gewährt werden kann sowie nur für ausgewachsene Tiere zu empfehlen ist. Nachts und für Jungtiere sind die Gefahren eindeutig zu gross. Wer nun aber seine Tiere abends in einen engen Kaninchenstall sperren möchte in der Annahme, sie hätten sich ja nun den ganzen Tag ausgetobt und würden des Nachts tief schlafen, vergisst, dass Kaninchen auch dämmerungs- und nachtaktiv sind. Überdies lassen sie sich sehr schlecht einfangen, vor allem dann, wenn sie genau wissen, dass sie danach eingesperrt werden.

Auch bei Regen. In unseren Breitengraden überwiegen die Schlechtwetterperioden. Immer wieder hören wir: «An jedem schönen Tag sind unsere Kaninchen im Auslauf.» Im Klartext heisst das, dass die Tiere mehr als die Hälfte des Jahres im engen Stall verbringen. Kaninchen sind keine Schönwettertiere. Sie haben einen starken Bewegungsdrang und geniessen auch den Regen, wenn sie zwischendurch unter trockenen Unterständen verschwinden können. Zu wenig Bewegung kann zu Verhaltensstörungen führen.

4 Aussenhaltung: naturnaher Lebensraum im Freien

Auch bei Freilaufhaltung braucht es ein ein- und ausbruchsicheres Gehege von mind. 6 m² Grösse.

Nachtquartier. Bei Wildkaninchen ist das Aktivsein im Dunkeln sogar sehr ausgeprägt. Wenn es Abend wird, machen sie sich auf Futtersuche, denn die Dunkelheit bietet ihnen mehr Sicherheit als das Tageslicht. Auch domestizierte Tiere, die in einem Aussengehege leben, verbringen selbst im Winter bei tiefen Temperaturen viele Nachtstunden im Freien, fressen in dieser Zeit einiges und sind sehr geschäftig. Kaninchen aus Freilaufhaltung sollten deshalb nachts ebenfalls nicht auf kleinem Raum gehalten werden. Dort käme es auch unweigerlich zu Aggressionen. Nötig sind ein sicheres Gehege von mindestens sechs Quadratmetern oder allenfalls ein Schopf, der für diesen Zweck zur Verfügung steht und in dem sich die Tiere frei bewegen können. Zudem sollen das Gehege oder der Schopf auch tagsüber für die Kaninchen zugänglich sein, damit sie die Möglichkeit haben, sich zum Fressen und Ausruhen oder zum Schutz vor dem Regen zurückzuziehen. Ein Schopf darf aber nie zum Daueraufenthaltsort werden, sondern ist lediglich als Nachtquartier bei *täglichem* Auslauf gedacht. Die Kaninchen müssen auch bei Schnee und schlechtem Wetter ins Freie können.

4 Aussenhaltung: naturnaher Lebensraum im Freien

> Kaninchen sind keine Schönwettertiere; sie möchten bei schlechtem Wetter nicht einfach im Stall sitzen.

■ *«Unsere Kaninchen können den ganzen Tag im Garten herumhoppeln, aber es ist eine tägliche Last, sie am Abend einzufangen», klagt uns Herr M.*

Pünktliche Abendfütterung. Wer seine Kaninchen am Tag im Garten frei herumhoppeln lässt, steht am Abend vor der Frage, wie er sie nun in ihr Nachtquartier locken kann; denn da spazieren sie nicht einfach von selbst hinein wie etwa Hühner, die bei Einbruch der Dämmerung den Stall aufsuchen. Kaninchen einzufangen ist wirklich nicht ganz einfach. Zum Glück gibt es noch einen anderen Weg: Kaninchen mögen die Abendfütterung, die aus dem Nachfüllen des Körnerfutters besteht, sehr. Einmal daran gewöhnt, warten die Tiere richtiggehend darauf. Wenn wir diese Verrichtung nun jeden Tag zur selben Zeit vornehmen und ein Ritu-

Die Kaninchen geniessen es, unter Aufsicht auch einmal den ganzen Garten zu benutzen.

al daraus machen, werden unsere Kaninchen sich schnell daran gewöhnen und dann mit Freude herbeigehoppelt kommen. Wenn im Winter zu den Körnern gar noch ein Stück hartes Brot dazukommt, dann müssen wir unseren Tieren nicht einmal mehr rufen. Damit sie ihr Nachtquartier gerne aufsuchen und sich darin wohl fühlen, darf es aber nie nur ein enger Stall sein.

Anspruchsvoll. Die zusätzliche Freilaufhaltung von Kaninchen ist eine sehr tiergerechte, aber auch anspruchsvolle Haltungsform. Sie darf nicht zur Anwendung kommen, wenn man die Mühe scheut, ein grosses und sicheres Gehege zu bauen, denn ein solches ist für die Nacht ohnehin nötig. Sie ist auch dann nicht zu empfehlen, wenn alle Familienmitglieder den ganzen Tag ausser Haus sind.

Missverständnisse im Zusammenhang mit Aussenhaltung

Bezüglich der Aussenhaltung von Kaninchen kommt es leider immer wieder zu Missverständnissen: Es gibt Tierbesitzer, die Aussenhaltung so verstehen, dass sie einfach den Käfig mit ihrem Kaninchen das ganze Jahr über auf den Balkon oder in den Garten stellen. Einmal abgesehen davon, dass ein Käfig für Kaninchen ein völlig inakzeptabler Lebensraum ist, bezahlen viele Tiere diese Form der «Aussenhaltung» mit grossem Leiden oder gar mit dem Tod, weil sie schutzlos der Hitze, Kälte und oft auch Nässe ausgesetzt sind. Sie erliegen einem Hitzschlag, müssen im Winter über lange Zeit durch Zittern ihre Körpertemperatur aufrechterhalten, so wie wir bei Kälte schlottern, oder erfrieren sogar. Konventionelle Käfige sind immer ungeeignet und können im Freien oder auf dem Balkon sogar zu tödlichen Fallen werden.

> **Ein konventioneller Käfig gehört nie ins Freie. Viele Tiere bezahlen diese Form von «Aussenhaltung» mit grossem Leiden oder gar mit dem Tod.**

Was wir ebenfalls *nicht* unter Aussenhaltung verstehen, ist die Unterbringung der Kaninchen in traditionellen Kaninchenställen ausserhalb des Hauses. Diese Ställe finden zwar in der Nutztierhaltung noch Verwendung, aber es ist nicht vertretbar, sie zum ständigen Lebensraum für Kaninchen zu machen, die möglicherweise während zehn Jahren als Heimtiere bei uns leben.

> **Kaninchen haben als Heimtiere eine Lebenserwartung von bis zu zehn Jahren; deshalb sind traditionelle Kaninchenställe nicht vertretbar.**

Noch ein Missverständnis: Entgegen anders lautender Informationen werden Kaninchen nicht nur bei Innenhaltung zahm. Die Zutraulichkeit eines Kaninchens hängt nicht davon ab, ob es im Freien oder im Haus lebt, sondern davon, wie oft und in welcher Weise wir uns mit ihm beschäftigen. Kaninchen sind nicht nur untereinander, sondern auch dem Menschen gegenüber grundsätzlich kontaktfreudig und deshalb leicht handzahm zu machen. Das braucht jedoch Zeit, Geduld und ein behutsames Vorgehen, damit sich die Tiere nicht bedrängt fühlen oder erschrecken, sondern ganz langsam Vertrauen fassen können.

Ein Letztes: Aussenhaltung darf kein Abschieben der Tiere sein! Wer seine Kaninchen nur deshalb im Freien hält, weil er im Grunde gar keine will und sie deshalb höchstens auf Distanz dulden mag, soll darauf verzichten. Gehegehaltung ist eine Haltungsform, die einen gewissen Aufwand mit sich bringt und nur dann zu empfehlen ist, wenn jemand sie *im Interesse der Tiere* wählt und bereit ist, den notwendigen persönlichen Einsatz zu leisten. Eine unzulänglich und freudlos realisierte Aussenhaltung birgt verhängnisvolle Gefahren und Risiken für die Tiere und ist für den Besitzer mit viel Frustration verbunden.

> **Aussenhaltung darf nie ein Abschieben der Kaninchen sein. Fehlt unser Engagement, dann ist diese Haltungsform für die Tiere gefährlich.**

Neuanschaffung von Kaninchen nur bei Aussenhaltung

In unserer Arbeit und mit diesem Buch setzen wir uns ausdrücklich für Formen der Unterbringung und Haltung von Kaninchen ein, die sich artgerechten Bedingungen annähern. Aus diesem Grund betonen wir, dass aus tierschützerischen Überlegungen Kaninchen nur dann *neu angeschafft* werden sollten, wenn sie unter tiergerechten Bedingungen, das heisst im Freien in einem grossen Gehege, leben können. Sind beim künftigen Tierhalter oder der angehenden Tierhalterin die Voraussetzungen für diese Haltungsform *nicht* gegeben, dann ist es im Interesse der Tiere besser, *auf ihre Anschaffung zu verzichten* und nicht schlechte oder unbefriedigende Kompromisse einzugehen. Leute, die bereits Kaninchen besitzen, möchten wir ermuntern, sich auf das spannende Abenteuer «Aussenhaltung» einzulassen, ihren Tieren und sich selbst zuliebe.

Es ist uns jedoch bewusst, dass zahlreiche Leute, *die bereits Kaninchen besitzen*, aus verschiedenen Gründen nicht bereit oder in der Lage sind, auf Aussenhaltung umzustellen, ihre Tiere aber auch nicht weggeben möchten. Deshalb werden in Kapitel 7, Innenhaltung, Haltungsformen *im Haus* vorgestellt, die zwar nicht ideal sind, aber den Tieren zumindest *teilweise* gerecht werden.

5 Das Kaninchengehege: Planung und Bauvorschläge

■ *«Wir möchten gerne Kaninchen; ein Stück Garten haben wir und der Zaun ist auch schnell gestellt.»*

In der Vorstellung ist ein Gehege schnell gebaut. In Wirklichkeit dauert es jedoch ein bisschen länger. Bevor wir uns an die Arbeit machen, um für unsere Kaninchen einen tiergerechten Lebensraum zu schaffen, wo sie geschützt sind, ist einiges abzuklären. Ein Zaun ringsum genügt bei weitem nicht und auch fahrbare oder verschiebbare Gehege sind ungeeignet, weil sie nicht ein- und ausbruchsicher sind.

Anforderungen an das Aussengehege

Standort:	in Sichtnähe, gut zu überwachen
Grösse:	für zwei bis drei Tiere mindestens sechs Quadratmeter (je grösser, desto besser)
Sicherheit:	ein- und ausbruchsicher, das heisst gedeckt und eingegraben
Handhabung:	einfach, zur praktischen Verrichtung der täglichen Arbeiten

Standort

Der Standort des Geheges ist keine Nebensache. Wir wollen unsere Tiere ja nicht in eine Ecke des Gartens abschieben, sondern möchten sie beobachten und uns an ihnen erfreuen. Ein Aussengehege sollte daher vom Haus her gut sichtbar und gut zugänglich, teilweise besonnt, aber auch schattig sein und von mindestens zwei Seiten eingesehen werden können.

Und die Nachbarn: Mögen sie wohl direkt neben ihrem Gartenzaun eine Kaninchenbehausung? Was, wenn es im heissen Sommer trotz gründlichem Ausmisten halt doch einmal stinkt? Solche Fragen lassen sich am leichtesten in einem Gespräch klären. Wer über seinen Garten nur mietweise verfügt, sollte zudem beim Hausbesitzer abklären, ob der Bau eines Geheges erlaubt ist und die Höhe desselben nicht störend wirkt.

Grösse

Ein Aussengehege muss für zwei bis drei Kaninchen mindestens sechs Quadratmeter gross sein, für mehrere entsprechend grösser. Allgemein gilt: je grösser, desto besser. Ein zu kleines Gehege kann nicht richtig eingerichtet werden. Die Tiere können einander schlecht ausweichen und sich nicht genug bewegen, um im Winter ihre Körpertemperatur aufrechtzuerhalten.

Sicherheit

Viele Neulinge beginnen in ihrer Anfangsbegeisterung damit, ein Stück Garten einzuzäunen. Damit ist es aber nicht getan. Ohne gewisse Sicherheitsmassnahmen sind unsere Kaninchen nicht genügend vor Gefahren geschützt. Wollen wir keine bösen Überraschungen erleben, muss das Gehege ein- und ausbruchsicher sein.

Ausbruchsicherheit

Kaninchen graben sich Höhlensysteme von erstaunlichem Ausmass. Ohne gute Sicherung können die Ausgänge eines Tages ausserhalb des Geheges liegen und die Tiere sind weg.

Einbruchsicherheit

▪ *«Jahrelang ist nichts passiert, und heute sind sie alle tot.»*

Kaninchen sind wehrlos und eine leichte Beute für jagende Tiere. Zahm und zutraulich geworden, flüchten sie nicht mehr instinktiv vor ihren *natürlichen Feinden*:

- **Greifvögel:** Sie attackieren im Sturzflug aus der Luft.

- **Marder:** Sie sind gute Kletterer und können sich durch kleine Löcher oder Spalten zwängen. Mardertest: Wo sich ein Hühnerei durchschieben lässt, schlüpft auch ein ausgewachsener Marder durch.

- **Katze:** Sie sitzt scheinbar gelangweilt da, um dann unvermittelt und blitzschnell durch die Maschen des Zauns nach einem Kaninchen zu angeln. Und es erstaunt, dass eine Katze ein Kaninchen durch Genickbiss sogar zu töten vermag.

- **Fuchs:** Die unendliche Kraft und Schlauheit des Fuchses werden leider immer unterschätzt. Ein hungriger Fuchs kann ein zwei Meter hohes Gehege überklettern, einen Zaun von 1,5 Metern aus dem Stand überspringen, blitzschnell durch ein weitmaschiges Drahtgeflecht hindurch mit den Pfoten ein Kaninchen töten oder spielend Netze und dünne Drahtgeflechte durchbeissen. Er gräbt sich unter dem Zaun durch. Er dringt nicht nur nachts, sondern auch tagsüber ein. Nicht nur in ländlichen Gebieten, sondern auch mitten in der Stadt.

> Kaninchen haben zahlreiche natürliche Feinde. Nur in einem wirklich einbruchsicheren Gehege sind sie vor ihnen geschützt.

Alle diese Tiere können unseren Kaninchen gefährlich werden. Viele verzweifelte Anrufe zeigen uns, dass diesen Gefahren zu wenig Beachtung geschenkt wird. Beim Bau eines Aussengeheges sind daher folgende Punkte sehr wichtig:

- Das Gehege muss mit Maschendraht, nicht nur mit Netzen gedeckt werden.
- Ein zusätzliches Gitter rund ums Gehege muss mindestens 50 cm senkrecht in den Boden eingegraben sein.
- Maschengrösse des Drahtgeflechts: idealerweise überall 17 mm oder maximal 40 mm unter der Bedingung, dass im unteren Teil eine Bahn feinmaschiges Gitter angebracht wird.
- Verschiebbare oder fahrbare Gehege sind nie sicher, weil Kaninchen und ihre Feinde untendurch graben.

Nicht geeignet sind dünne Drahtgeflechte oder Netze, weil sie leicht durchgebissen werden können. Ebenso raten wir davon ab, Drahtgeflecht auf oder unter den Gehegeboden zu legen, weil eine solche Massnahme das natürliche Grabverhalten der Kaninchen gänzlich verhindert und zu Verletzungen durch Einhängen führen kann.

Beim Ausheben des Grabens, der eine sehr wichtige Funktion hat, sind starke Männer gefragt.

Foto: J. Pfund

Einfache Handhabung

Es ist verlockend, im Eiltempo irgendein Gehege zu basteln. Ist unser Gehege aber schlecht geplant und kompliziert zu pflegen, fallen uns die Arbeit und bald auch die Tiere schnell einmal zur Last. Alle Verrichtungen im und um das Gehege sollten einfach und ohne grossen Aufwand erledigt werden können, sowohl bei Kälte als auch bei Regen, wenn unsere Kaninchen besonders gut betreut werden müssen.

Höhe. Da es im Gehege einiges zu verrichten gibt wie misten, täglich Heu einstreuen und drei Mal pro Tag füttern, sollte man es aufrecht und bequem begehen können.

Futterhaus. Wer ein stabiles Futterhaus ausserhalb des Geheges platziert und mit einer Röhre verbindet, muss das Gehege nicht jedes Mal betreten. Deckel und Verriegelung sollten einhändig bedienbar sein, denn beim Füttern hat man ohnehin stets eine Hand zu wenig.

Schnee und Laub. Bei der Planung gilt es auch zu überlegen, wie im Winter der Schnee weggeräumt werden kann und ob ein Baum in der Nähe des Geheges steht, der zwar im Sommer Schatten spendet, im Herbst jedoch sein Laub über dem Gehege verliert.

> Wichtig:
> Von grosser Bedeutung ist die einfache Bedienung des Geheges. Fallen die täglichen Verrichtungen schon bald zur Last, ist auch die Freude an der Kaninchenhaltung von kurzer Dauer.

Wahl des Geheges

Folgende Fragen sind vorgängig zu beantworten:

- Wie gross soll die Grundfläche sein?
- Wie hoch kann gebaut werden?
- Sind Bäume im Weg? Niedrige Bäume und Sträucher können ins Gehege integriert werden. Der Stamm ist mit einem Drahtgeflecht zu schützen.
- Wie reagieren die Nachbarn oder der Hausbesitzer?
- Wie hoch sind die Kosten? Beim Material sollte nicht gespart werden.

Grundsätzlich gibt es *drei Gehegearten*:

1. Pyramidenförmiges Gehege

Ein Gehege in dieser Form hat zahlreiche *Vorteile*:

- Es kann als Nachtquartier oder als Daueraufenthaltsort benutzt werden.
- Die Sicherheit der Tiere sowie die notwendigen, geschützten Nischen sind am einfachsten zu realisieren.
- Auf halber Höhe lassen sich Täferlatten fixieren; damit erhalten die Kaninchen ihren beliebten erhöhten Platz.
- Eine windgeschützte Ecke entsteht, wenn der hinterste Teil mit Täferlatten eingeschalt wird.
- Die Seitenwände können im Winter nach Bedarf mit Plexiglas oder Plastik abgedeckt werden zum Schutz vor Regen, Wind und Schnee.
- Herbstlaub und Schnee rutschen seitwärts ab.
- Man kann darin aufrecht stehen, was das Füttern und Misten vereinfacht.

Ein pyramidenförmiges Gehege hat viele Vorteile. Foto J. Pfund

2. Hohes Gehege mit Gitter-Flachdach

Es sollte so hoch sein, dass eine erwachsene Person darin aufrecht stehen kann.

Vorteil: Das Gehege ist begehbar.

Nachteil: Laub und Schnee beschweren das Dachgitter und verdunkeln das Gehege; Einsturzgefahr bzw. aufwändige Räumarbeiten auf dem Dach. Geschützte Nischen wie beim Pyramidengehege sind schwieriger zu bauen.

Dieses Gehege ist bequem begehbar, aber Laub und Schnee auf dem Dach können Probleme verursachen.

3. Oben offenes Gehege

Vorteil: Grösse nicht begrenzt.

Nachteil: Wird von feindlichen Tieren überklettert und muss deshalb zusätzlich mit einem Elektrodraht gesichert werden.

Wenn das Gehege so gross ist, dass es nicht mehr gedeckt werden kann oder hohe Bäume dies verhindern, ist Folgendes zu beachten:

- Der Zaun muss mindestens zwei Meter hoch sein (ein Fuchs überspringt aus dem Stand 1,50 Meter).
- Zuoberst mit einem elektrischen Viehhüter gesichert, hält der Zaun Katzen, Marder und Füchse fern.
- Eine gute Strukturierung des Lebensraumes mit zahlreichen Unterschlüpfen ist notwendig, damit die Tiere die Möglichkeit haben, vor Greifvögeln zu flüchten.
- Ein sehr grosses Gehege würde mit engmaschigem Drahtgeflecht (17x17 mm) wie ein Käfig aussehen. Vorschlag: 40-mm-Geflecht, das mardersicher ist, verwenden und im unteren Bereich mit 17-mm-Geflecht verstärken, damit Katzen und Füchse nicht angeln können.

Ein oben offenes Gehege ist von der Grösse her nicht limitiert, sollte aber mit einem elektrischen Viehhüter gesichert werden.

- Um zu verhindern, dass sich ein Fuchs hinein- oder ein Kaninchen herausgraben kann, können auch Stellriemen (50 cm) oder Drahtgeflecht am Rande des Geheges in den Boden versenkt werden. Ein Betonfundament eignet sich nicht, weil das Wasser nicht mehr richtig abfliessen kann.

Schwelle. Im Bereich der Gehegetüre ist am Boden eine 30 cm hohe Schwelle in Form eines waagrecht angestellten Brettes anzubringen, damit die Tiere nicht so einfach herausspazieren, wenn man eintritt.

Die geschützte Futterecke

In einem Aussengehege darf keinesfalls die gedeckte Futterstelle fehlen. Sie ist ein zentraler Ort für die Kaninchen. Täglich frisch eingestreutes Heu hält die Futterstelle trocken und dient den Tieren als Grundnahrung. Wenn sie sich auch dort versäubern, sollten wir die Futterstelle täglich reinigen. Äpfel, Karotten und anderes Gemüse können wir dort verabreichen. Saftfutter wie Löwenzahn, Gras oder Salat geben wir mit Vorteil in eine Schale, damit das Heu nicht feucht wird.

Die Schlafhütte

Eine wetterfeste Hütte ist bei jeder Form der Aussenhaltung unentbehrlich. Sie ersetzt den Kaninchen ihre natürlichen Höhlen. Damit ist auch bereits gesagt, wie eine solche Hütte beschaffen sein soll: gut belüftet, aus mehreren Abteilen bestehend, gross genug, dass die Tiere sich darin ausruhen können, im Innern trocken und windgeschützt und, was sehr wichtig ist, dunkel. Nur so fühlen sich die Kaninchen sicher und geborgen. Der Tunneleingang muss immer zugänglich sein.

Beim Zimmern einer solchen Schlafhütte ist Folgendes zu beachten:
- Die Hütte wird aus mindestens 2 cm dickem, wasserfestem Holz gebaut.

- Das Giebeldach wird mit Kupfer oder ähnlichem Material abgedeckt.
- Von Vorteil ist die Unterteilung in mindestens drei Kammern, damit die Kaninchen die Möglichkeit haben, einander bei allfälligen Konflikten auszuweichen.
- Wenn die Grösse entsprechend gewählt wird, können die Kammern mit Saatschalen aus Plastik bestückt werden, was das Ausmisten vereinfacht.
- Wenn die Hütte ausserhalb des Geheges steht, durch eine Beton- oder Tonröhre (Ø 20 cm) mit dem Auslauf verbunden, ist sie leicht zugänglich, ohne dass das Gehege betreten werden muss.
- Das Haus sollte ein auf mindestens einer Seite offenes Hohldach haben, um im Sommer einen Hitzestau zu vermeiden; darüber hinaus gehören in den Deckel mindestens vier Luftlöcher, je nach Anzahl der Tiere.
- Der Röhreneingang darf nie verschlossen werden; die Tiere könnten auf Grund von Hitzestau oder Sauerstoffmangel in Panik geraten oder ersticken.
- Der Deckel muss mit einem Riegel verschliessbar sein.
- Die Scharniere sollten so montiert werden, dass der Deckel problemlos geöffnet werden kann.

Das Schlafhaus ersetzt den Kaninchen ihre natürliche Höhle.

Häufige Fehler beim Gehegebau

Höhe:	Zu niedrig.
Elektrodraht:	Auf 1,20 m Höhe installiert. Der Fuchs überspringt ihn, ohne ihn zu berühren.
Flachdach:	Einsturzgefahr bei Schnee.
Drahtgeflecht:	Zu grossmaschig. Fuchs und Katze angeln, Marder kann einbrechen.
Eingraben:	Seitwärts zu wenig tief eingegraben. Tiere graben untendurch.
Einbruchsicherheit:	Wird nicht ernst genommen. Einmal nachts die Kaninchen nicht eingesperrt, und schon sind sie weg. Die Tiere jeden Abend einzufangen, ist illusorisch.

Dieses Gehege ist kein Lebensraum für Kaninchen: Es ist zu niedrig und zu klein und hat keine geeignete Hütte.

5 Das Kaninchengehege: Planung und Bauvorschläge

Ideen zum Gehegebau

Fotos:
B. Hiltl, R. Hafner,
M. Caplazi

1. Sicherheit

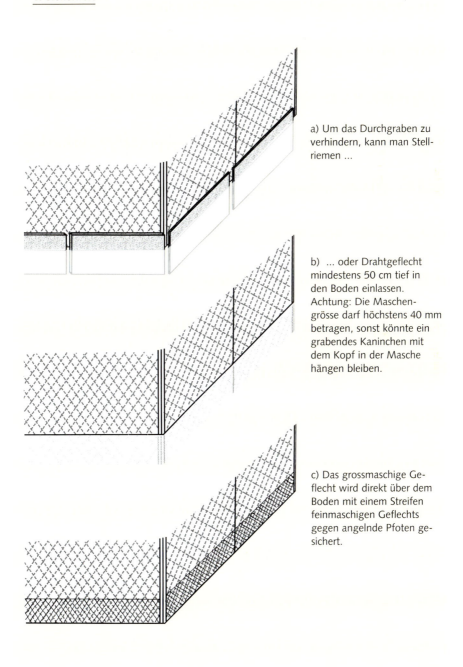

a) Um das Durchgraben zu verhindern, kann man Stellriemen ...

b) ... oder Drahtgeflecht mindestens 50 cm tief in den Boden einlassen. Achtung: Die Maschengrösse darf höchstens 40 mm betragen, sonst könnte ein grabendes Kaninchen mit dem Kopf in der Masche hängen bleiben.

c) Das grossmaschige Geflecht wird direkt über dem Boden mit einem Streifen feinmaschigen Geflechts gegen angelnde Pfoten gesichert.

2. Pyramidengehege

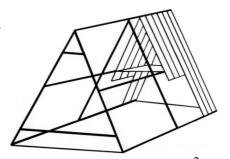

Montage:

- Vier Seitenelemente werden einzeln angefertigt
- Je zwei mit Scharnieren verbinden (1)

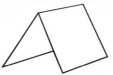

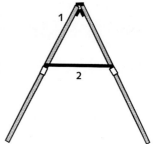

- Rückwand und ein Elementpaar verschrauben
- Täferlatten als erhöhte Ebene einlegen (2)
- Zweites Elementpaar anfügen
- Schwelle montieren
- Türe mittels Scharnieren links oder rechts anschlagen, je nach gegebener Situation
- Verschlussriegel montieren
- Täferlatten als Schutzdach anbringen: Version kurz 110 cm, Version lang 200 cm
- Schutzdach oben mit einer Täferlatte abdecken (3)

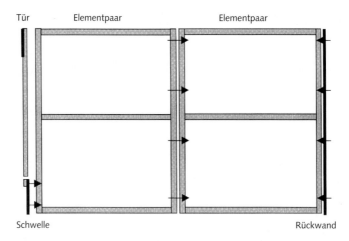

Tipp: eine einwandfreie Montage ist nur möglich, wenn der Untergrund plan ist. Jede Abweichung des Bodens zieht Verschiebungen der Gehegeteile mit sich.

5 Das Kaninchengehege: Planung und Bauvorschläge

Anfertigung der Einzelteile:

4 Elemente:

Doppellatten (4.5 x 4.5 cm):
    8 x 204 cm, 12 x 141 cm
Schrauben:
    24 x 9 cm (▶)
Gitter:
    8 x (145 x 100 cm),
    Maschengrösse 17.5 mm
    Drahtdicke 1.5 mm
Scharniere:
    4 Stück
Klammern: (Bostitch)
    das Gitter wird auf den vor-
    gefertigten Elementen
    befestigt (Aussenseite)

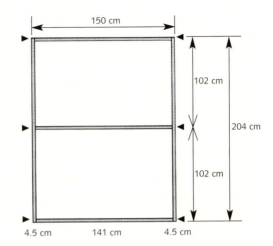

Rückwand:

Wetterfeste Platte, mind. 1 cm dick:
    185 x 203 cm
Evtl. zwei Teile: 92.5 x 203 cm
                         92.5 x 106 cm
Schrauben: 8 x 4.5 cm

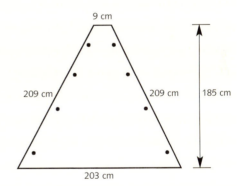

Schwelle:

Doppellatten: 1 x 171 cm
Wetterfeste Platte: 203 x 30 cm
Schrauben: 9 x 4.5 cm

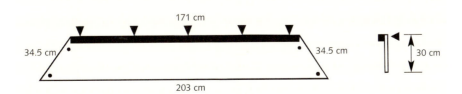

Türe:

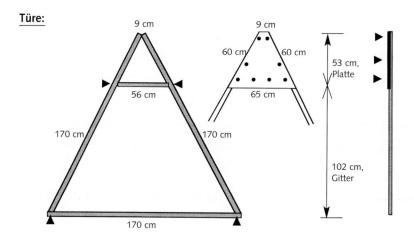

Doppellatten:	3 x 170 cm	Schrauben:	4 x 9 cm
	1 x 56 cm		8 x 4,5 cm
Wetterfeste Platte:	65 x 53 cm	Starke Scharniere:	2
Gitter:	170 x 100 cm	Verschlussriegel:	1

3. Schlafhütte

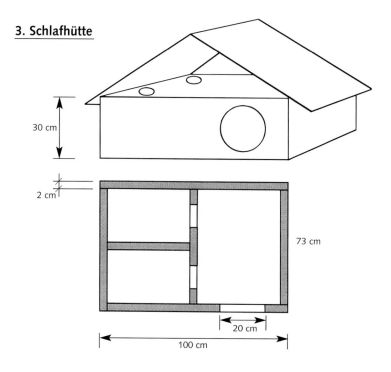

6 Gestaltung und Pflege des Aussengeheges

■ «*Unsere Kaninchen haben ein Haus und eine Röhre; sie können sich jederzeit verstecken.*»

Wenn alles gut geht, werden unsere Kaninchen viele Jahre in ihrem Gehege verbringen. Es lohnt sich also, seine Einrichtung gut zu überlegen. Die Auswahl der Gestaltungselemente richtet sich nach den Grundbedürfnissen der Tiere. Wir stellen immer wieder fest, dass sich viele Tierfreunde nichts unter der Strukturierung des Lebensraumes vorstellen können und ihr Gehege ungenügend einrichten. Mit einem Haus und einer Röhre ist es nicht getan.

Ein mangelhaft strukturiertes Gehege.

Eine wetterfeste Hütte ist notwendig, weil sich die Kaninchen zwischendurch immer wieder in eine schützende Höhle zurückziehen möchten. Grosse, nach einer Seite offene, mit viel Heu trocken gehaltene Nischen sind aber noch *viel wichtiger*, weil Kaninchen sich auch während vieler Regenstunden draussen aufhalten.

> **Nicht nur das Platzangebot, sondern vor allem auch die richtige Strukturierung (= Einrichtung) des Lebensraums sind von grosser Bedeutung.**

Einrichtungsgegenstände

Einige Einrichtungsgegenstände sind beweglich und können immer wieder verändert werden, andere haben ihre feste Position. Wichtig ist, die verschiedenen Elemente nicht alle am Gehege*rand* zu platzieren, sondern so, dass man darum herum gehen kann. Dies bewährt sich vor allem dann, wenn wir ein Tier einfangen müssen. Kaninchen merken sehr schnell, wo wir sie nicht erreichen können.

Überblick über die wichtigsten Einrichtungsgegenstände

- Wetterfeste Hütte
- Gedeckte Futterstelle
- Erhöhte, geschützte Fläche
- Kiste oder Harass
- Hohler Baumstamm oder Röhre
- Naturmaterialien wie Äste, Wurzelstöcke etc.
- Erdhügel oder Haselstrauch

Wetterfeste Hütte

Die Hütte ersetzt den Kaninchen die natürliche Höhle und besteht mit Vorteil aus mehreren Abteilen. Dort sollte es immer trocken und windgeschützt sein. Ein Hohldach verhindert die Überhitzung des Innenraums.

Traditioneller Kaninchenstall. Wer als Hütte einen traditionellen Kaninchenstall verwendet, muss darauf achten, dass mindestens *ein* Abteil vor Lichteinfall und Zugluft geschützt ist. Das ist leicht zu erreichen, indem die mit Gitter versehene Türseite des Abteils durch eine Holzplatte abgedeckt wird. Als zusätzliche Isolation verwendet man im Winter reichlich Zeitung und Heu.

6 Gestaltung und Pflege des Aussengeheges

Eine wetterfeste Hütte mit gutem Boden darf nie fehlen.

Brett unterlegen. Kaninchen graben ihre Gänge mit Vorliebe an trockenen Orten, zum Beispiel unter der Hütte oder der Futterstelle. Deshalb empfiehlt es sich, vor deren Platzierung ein Brett zu unterlegen, damit durch das Graben nicht gleich alles in Schieflage gerät. Ein solches Brett schützt auch gegen aufsteigende Feuchtigkeit und kann, wenn es zu vermodern beginnt, leicht ersetzt werden.

Hütte nie verschliessen. Der Eingang zur Hütte muss immer, das heisst Tag und Nacht, offen stehen. Das sichert die ausreichende Zufuhr von Frischluft und ermöglicht es den Kaninchen, ihr Haus nach Bedarf zu verlassen. Wird es verschlossen, so kann das zu Feuchtigkeit und Sauerstoffmangel führen, was unter Umständen mit dem Erstickungstod der Tiere endet. Die Kaninchen allabendlich in die Hütte einzusperren, bewährt sich nicht, auch wenn sie gut belüftet ist. Auf engem Raum kann es zu Aggressionen und im Winter auf Grund mangelnder Bewegung zu Unterkühlung kommen.

Platzierung ausserhalb des Geheges. Um Platz im Gehege zu gewinnen, kann es sinnvoll sein, eine schwere Hütte oder den Kaninchenstall ausserhalb des Geheges zu platzieren und mit einer Ton- oder Betonröhre von mindestens 20 cm Durchmesser mit dem Auslauf zu verbinden. Zu diesem Zweck wird dann im Gehegegitter ein rundes Loch ausgeschnitten. Nachteil dieses Standortes ist, dass das Dach des Kaninchenstalls bzw. der Dachstock von den Kaninchen nicht benutzt werden können. Als Vorteil erweist sich die Möglichkeit, die Tiere zu füttern, ohne das Gehege betreten zu müssen.

Steht die Hütte ausserhalb des Geheges, durch eine Röhre verbunden, wird das Füttern einfacher.

Gedeckte Futterstelle

Kaninchen lieben es, zeitweise im Regen zu sitzen, müssen sich aber jederzeit ins Trockene zurückziehen können. Auch das Futter ist ihnen unter einem schützenden Dach anzubieten. Die Tiere mögen diesen Platz sehr und benutzen ihn oft auch als Versäuberungsort, da sie dazu neigen, ihren Kot an einer Stelle abzusetzen, wo Futter gereicht wird. Dies hängt damit zusammen, dass sie ihren Blinddarmkot gleich wieder auffressen. Es handelt sich hierbei um eine Besonderheit, die für die Gesundheit der Kaninchen wichtig ist und mit ihrer speziellen Verdauung zu tun hat. Bei entsprechender Pflege und Reinigung ist die gleichzeitige Benützung der Futterstelle zur Nahrungsaufnahme und Kotabsetzung kein Problem.

6 Gestaltung und Pflege des Aussengeheges 65

Eine geschützte Futterecke ist in jedem Fall unverzichtbar.

Als gedeckte Futterstelle können auch ein Futterhaus oder der offene Dachstock der Schlafhütte dienen. Wichtig ist, dass die Futterstelle allen Tieren genügend Platz bietet und einen Holzboden hat, der mit Einstreu versehen werden kann. Eine Futterstelle mit Flachdach kann von den Kaninchen zusätzlich als erhöhte Ebene benützt werden. Ein Futterplatz, der sich in der Nähe des Gehegeeingangs befindet, ist für uns leichter erreichbar, was im Winter und bei Regen ein grosser Vorteil ist.

Erhöhte, geschützte Fläche

Wenn Sie Ihren Kaninchen auf etwa einem Meter Höhe eine grosse, geschützte Fläche bauen und diese mit viel Heu einstreuen, wird das sicher schon bald einmal der Lieblingsort der Tiere. Von dort aus haben sie den Überblick über das Geschehen im Gehege und sind geschützt vor Wind und Wetter. Dieser Aussichtsort kann durch den Bau eines Daches auf einem Kaninchenstall realisiert werden oder durch das Einschalen des hinteren Teils eines Pyramidengeheges und das Anbringen eines Tablars auf halber Höhe. Den Aufstieg ermöglicht man am besten mit zwei Holzklötzen.

Kiste oder Harass

Bei Kaninchen sehr beliebt sind auch Kisten oder Harasse jeder Art und Grösse. Man kann diese auf eine Seite kippen, so dass gleichzeitig ein Unterschlupf und eine erhöhte Fläche entstehen. Diese Plätze suchen die Tiere gerne auf. Mit Heu ausgepolstert, werden eine Kiste zur schützenden Behausung und ihr Dach zu einem Ausguck, auf dem die Kaninchen lange verweilen. Vielleicht bieten sich zu diesem Zweck auch andere Einrichtungsgegenstände an. Gefragt sind Fantasie und Kreativität. Wer die Bedürfnisse seiner Tiere kennt und sich in sie einfühlt, dem fällt gewiss einiges ein, das den Kaninchen gefallen könnte.

> Erhöhte Flächen und geschützte Unterstände werden von Kaninchen als Aufenthaltsorte sehr geschätzt.

Je mehr solcher Nischen, desto besser. Sie sollten zudem trocken und sauber sein.

Hohler Baumstamm oder Röhre

Wie schön ist es, irgendwo durchzukriechen oder sich in einem Tunnel zu verstecken. Kaninchen mögen und brauchen sowohl dunkle Verstecke, um sich rasch zurückziehen zu können, als auch den hohen Ausguck. Als Beutetiere, die sich nicht gegen einen Angreifer zu wehren vermögen, zeigen sie bei Gefahr, die auch nur aus einem lauten, unbekannten Geräusch oder dem Auftauchen eines fremden Gegenstandes bestehen kann, eine deutliche Fluchtreaktion.

Naturmaterialien

Rottannenäste, verschiedene Laubbaumzweige, dicke Holz- und Rindenstücke oder Wurzeln: Das lieben die Kaninchen. Mit Vergnügen knabbern und nagen sie daran herum, klettern drunter und drüber, fressen in

Auch Zwergkaninchen sind von Natur aus Höhlenbewohner.

Windeseile alle Blätter weg, schubsen abgebrochene Teile vor sich her usw. Kaninchen sind in dreifacher Hinsicht dringend auf immer wieder frische Materialien aus Wald und Garten angewiesen: Sie befriedigen ihren Nagetrieb, die ständig nachwachsenden Zähne schleifen sich gegenseitig ab und die Tiere haben eine Beschäftigung.

Luftige Schattenplätze. Grosse Tannenäste, über ein Rohr, einen Wurzelstock usw. gelegt, sind zudem herrliche Schattenspender, unter denen es sich bei grosser Hitze angenehm ruhen lässt. Kühle, gut durchlüftete Plätze dieser Art sind im Sommer sehr wichtig, damit die Kaninchen vor direkter Sonnenbestrahlung und grosser Hitze geschützt sind.

Aus dem Wald. Das regelmässige Herbeiholen solcher Naturmaterialien ist mit einem gewissen Aufwand verbunden. Wenn wir aber auf unseren Waldspaziergängen wieder einmal so richtig tief durchatmen, dann wird das Besorgen der Äste und Zweige zu einem erholsamen Naturerlebnis. Es kann auch sinnvoll sein, mit dem Förster am Ort Kontakt aufzunehmen, um vielleicht durch ihn Rottannenäste etc. zu beziehen. An dieser Stelle sei erwähnt, dass Thuja und Eibe giftig sind und *nicht* gereicht werden dürfen. Fällt einmal etwas davon ins Gehege, besteht jedoch kein Grund zur Panik. Kaninchen, die ausreichend Nagematerialien bekommen, meiden unverträgliche Pflanzenteile.

Natürliche Materialien wie Äste sind in verschiedener Hinsicht lebensnotwendig.

Kaninchen lieben Erdhügel zum Graben und als Aussichtspunkt.

Erdhügel oder Haselstrauch

Einige Extras bei der Ausgestaltung des Geheges sind immer willkommen. Zum Beispiel bereitet es unseren Kaninchen grosse Freude, wenn im Gehege ein Erdhügel für sie aufgeschüttet wird. Er lädt zum Graben ein und ist gleichzeitig ein beliebter Aussichtspunkt, von wo aus sich die Umgebung gut beobachten lässt. Oder wir pflanzen in der Nähe einen Haselstrauch als Schattenspender und zur Gewinnung frischer Äste. Unsere Fantasie ist gefragt.

Immer wieder Abwechslung

Ein Kaninchengehege wird nicht ein für allemal gestaltet und bleibt dann, wie es ist. Auch ein grosser, gut eingerichteter Lebensraum wird mit der Zeit langweilig für die Tiere, wenn sich darin kaum mehr etwas verändert. Darum ist es wichtig, sich als Kaninchenhalterin oder Kaninchenhalter immer wieder zu überlegen, was wo im Gehege wie umgestellt, ergänzt oder ersetzt werden kann. Hütte und Futterplatz dürfen ruhig bleiben, wo sie sind. Es geht eher um kleine Veränderungen im mobilen Bereich der Einrichtung sowie um den regelmässigen Ersatz der Äste und Zweige.

> Die abwechslungsreiche Vielfalt der freien Wildbahn können wir unseren Kaninchen nicht bieten. Aber wir haben Möglichkeiten, ihren Lebensraum immer wieder kreativ umzugestalten, damit unsere Tiere vital bleiben.

Die häufigsten Fehler beim Einrichten eines Geheges

Häuschen: Die üblichen im Handel erhältlichen Hüttchen für Kaninchen und Meerschweinchen sind für die Aussenhaltung nicht geeignet. Sie sind zu klein, zu leicht und nicht wetterfest.

Äste: Diese sollten nicht am Boden liegen, wo sie schnell schmutzig werden, die Tiere behindern und eine Verletzungsgefahr darstellen. Besser in einiger Höhe ins Drahtgeflecht stecken oder über die grossen Wurzelstöcke legen, damit sich die Kaninchen danach ausstrecken müssen.

Kork- und sonstige Röhren: Auch sie sind nur für die Aussenhaltung geeignet, wenn sie gross und schwer sind.

Boden: Mindestens ein Teil des Bodens sollte mit saugfähigem Material wie zum Beispiel Rindeneinstreu ausgelegt und immer trocken sein.

Strukturierung: Oft werden viel zu wenig Einrichtungsgegenstände aufgestellt oder viel zu kleine.

Reinigungsarbeiten im Aussengehege

Zu den Aufgaben eines Kaninchenbesitzers gehört auch das Ausmisten. Sauberkeit im Gehege, in der Hütte und auf der Futterstelle sind sowohl für die Kaninchen als auch für uns wichtig. Die Tiere verfügen über einen feinen Geruchssinn und können zudem unter unhygienischen Verhältnissen Parasiten bekommen. Wir Menschen ärgern uns über den Gestank und den ungepflegten Anblick. Mit Sauberkeit ist jedoch nicht sterile Meister-Proper-Reinheit gemeint. Wir brauchen Schaufel und Handbesen, einen (Laub-) Rechen sowie Körbe für die schmutzige bzw. frische Einstreu und das Heu. Die Plastikschalen werden von Zeit zu Zeit heiss ausgewaschen.

Reinigung der Hütte

Die Schlafhütte soll ein weicher, trockener Aufenthaltsort für die Kaninchen sein. Sie wird deshalb ein bis zwei Mal wöchentlich gereinigt, je nach Anzahl der Tiere und Verschmutzung. Beim Einrichten der Hütte werden zuerst Zeitungen auf den Holzboden gelegt und darüber die Plastikschalen mit Zeitungen und Heu. Wir empfehlen, Heu statt Stroh zu verwenden oder zusätzlich Heu auf das Stroh zu geben, weil es weicher und wärmer ist. Täglich wird dann eine weitere Schicht Heu frisch eingestreut, um die Oberfläche sauber und trocken zu halten. Beim Misten können die Schichten alle zusammen eingerollt und leicht mit einem Griff herausgehoben werden. Danach zusammenwischen und frisch einfüllen und schon ist die saubere Höhle bereit.

Gehegeboden

Keine immer grüne Wiese. Gerne würden wir den Kaninchen eine immer grüne Wiese zur Verfügung stellen. Das lässt sich aber nicht realisieren und ist auch nicht nötig. Auch wenn zu Beginn noch viel Grün im Gehe-

Die wichtigsten Einrichtungsgegenstände im Überblick

ge wächst, so wird dieses Gras doch schnell niedergetrampelt und abgefressen. Erfahrungsgemäss wächst es nie mehr richtig nach. Da ein Gehege nicht verschiebbar sein darf, weil es dann nicht mehr ein- und ausbruchsicher wäre, wird der Boden unweigerlich erdig, sandig oder matschig, je nach seiner Beschaffenheit und der Niederschlagsmenge. Ein Zementboden kommt nicht in Frage, weil darauf das Wasser nicht abfliessen kann und das so wichtige Graben verhindert würde.

Rindeneinstreu. Ideal ist es, die Bodenfläche des Aussengeheges einmal wöchentlich und zusätzlich nach starken Regenfällen mit Rindeneinstreu, zum Beispiel *PetFix®*, abzudecken. Dieses Material ist naturbelassen, saugfähig und wohlriechend. Die Tiere können sich gut darauf fortbewegen und das Gehege sieht stets gepflegt aus. Zur Reinigung ist es dann ein Leichtes, die schmutzige Einstreu mit dem Rechen zusammenzuwischen und durch frisches Rindenmaterial zu ersetzen. Je nachdem, ob die Kaninchen zur Versäuberung stets eine bestimmte Stelle im Gehege aufsuchen oder aber ihren Kot überall absetzen, ist mehr oder weniger häufiges Reinigen nötig.

> **Die Bodenfläche des Geheges wird einmal wöchentlich zusammengewischt und mit Rindeneinstreu frisch abgedeckt, um Krankheiten und Parasitenbefall vorzubeugen.**

Verschiedene Bodenstrukturen. Um den Tieren zusätzliche Anregung zu bieten, empfiehlt es sich, verschiedene Bodenstrukturen zu wählen: zum Beispiel Steinplatten, Kies, Laub und Rindeneinstreu. Dies kommt auch der notwendigen Abnützung der Krallen entgegen.

Sauberkeit auf der Futterstelle

Die Futterstelle ist ein Ort, den die Kaninchen oft aufsuchen und wo sie sich je nach Wetter auch länger aufhalten. Neben einem am besten auf einem Backstein erhöht platzierten schweren Wassergeschirr befinden sich dort eine Heuraufe sowie Futtergefässe für Grünzeug und Körner.

Fressplatz und Versäuberungsstelle. Da sich Kaninchen dort, wo sie fressen, mit Vorliebe auch gleich versäubern, sollten wir darauf achten, dass die Kotkügelchen nicht gerade im Futtergeschirr liegen und die Oberfläche der Futterstelle sauber und trocken gehalten wird. Das lässt sich am leichtesten erreichen, wenn wir täglich frisches Heu auf der ganzen Fläche einstreuen. Wenn das Körnerfutter einmal mit Urin und Kot durchtränkt ist (was vor allem bei Jungtieren, die am liebsten gleich ins Futter hineinklettern, passieren kann), muss das Geschirr gewaschen und frisch aufgefüllt werden. Als Unterlage für die Futterstelle eignen sich Schaltafeln, weil sie imprägniert sind und leicht gereinigt werden können. Die Futterstelle sollte immer sauber sein.

Saugfähiges Rindenmaterial, Steinplatten und ein Erdhügel eignen sich als Bodenstruktur für Kaninchen am besten.

7 Innenhaltung: wenn die Wirklichkeit Kompromisse verlangt

Nicht alle, die bereits Kaninchen besitzen, haben auch die Möglichkeit, ihre Tiere in einem Garten unterzubringen. Sie können sich aber dennoch nach bestem Wissen um das Wohl der Tiere kümmern und ihnen ein tierwürdiges Leben im Haus ermöglichen. Die hier beschriebenen Formen der Innenhaltung sollen all jenen Kaninchen zugute kommen, die bisher unter weniger artgerechten Bedingungen und vielleicht auch noch als Einzeltiere in Käfigen leben mussten.

Zahllose Kaninchen werden in Wohnungen und auf Balkonen gehalten. Auch ohne Aussenhaltung sind viele Besitzerinnen und Besitzer bereit, die Lebensumstände ihrer Tiere zu verbessern. Dazu sind Kompromisse nötig. Wir müssen aber dafür sorgen, dass nicht einfach «billige» oder schlechte Kompromisse daraus werden. In den folgenden Ausführungen wird aufgezeigt, was es zu berücksichtigen gilt, damit die Innenhaltung von Zwergkaninchen und Kaninchen vertretbar ist.

Kaninchen sind Sippentiere

Bei jeder Form der Kaninchenhaltung müssen die Grundbedürfnisse dieser Tierart respektiert werden. Jedes Kaninchen braucht die Gesellschaft *mindestens eines* Artgenossen sowie einen Lebensraum, der ihm erlaubt, seinem Bewegungsdrang nachzugehen. Wenn Sie also im Besitz eines einzelnen Kaninchens sind, sollten Sie ihm unbedingt ein Partnertier beigesellen. Was für ein Kaninchen das sein kann, woher Sie es nehmen und wie die Anpassung der Tiere abläuft, zu diesen Fragen finden sich Hinweise in den beiden folgenden Kapiteln.

Kein Meerschweinchen als Partner

Ein Meerschweinchen als Kamerad für ein Kaninchen genügt *nicht*. Auch wenn die zwei Tierarten einigermassen friedlich zusammenleben können, wird diese Situation trotzdem weder dem Kaninchen noch dem Meerschweinchen gerecht: Beide haben ein sehr differenziertes, aber eben

Kaninchen sollten sich auch in der Wohnung jederzeit bewegen können, sonst verkümmert ihre Muskulatur und Verhaltensstörungen treten auf.

grundverschiedenes Sozialverhalten und fühlen sich ohne Artgenossen zwar nicht ganz allein, aber dennoch einsam. Auch menschliche Zuwendung vermag das Partnertier bei weitem nicht zu ersetzen (vgl. Kapitel 13, Gemeinsame Haltung von Kaninchen und Meerschweinchen).

Leider wird oft empfohlen, ein Meerschweinchen als Kamerad für ein Kaninchen anzuschaffen, weil sie sich unter engen Platzverhältnissen weniger streiten. Setzt man nämlich *zwei Kaninchen* zusammen in einen konventionellen Käfig, reagieren sie teilweise mit heftigen Aggressionen, da sie einander nicht ausweichen können. Stellen wir uns ein Leben mit unserem Partner oder unserer Partnerin in einem Badezimmer vor: Der Streit wäre auch hier vorprogrammiert.

Käfige und Tierschutznormen

Neben dem Bedürfnis nach einem Artgenossen ist Bewegung ein weiteres Grundbedürfnis, das bei konventioneller Käfighaltung unterdrückt wird. Kaninchen müssen Sprünge machen, hoppeln, laufen, ihre Haken schlagen und auf erhöhte Flächen springen können. Ohne diese Möglichkeiten verkümmert ihre Muskulatur und die Tiere werden apathisch. Hinter den Gitterstäben des Käfigs sitzen sie wie in einem Gefängnis. Nicht selten leiden sie an Übergewicht und erkranken häufig.

> Die Tiere sollten sich auch in der Wohnung natürlich bewegen können. Es genügt also niemals, die Kaninchen nur ein oder zwei Stunden täglich frei in der Wohnung herumlaufen zu lassen.

Tierschutzgesetzgebung

Die im Handel erhältlichen Käfige erfüllen zwar in der Regel die Normen der schweizerischen Tierschutzverordnung, stehen aber nach unserer Auffassung mit ihren Massen im Widerspruch zu den Grundsätzen des Tierschutzgesetzes, das die artgerechte Haltung von Tieren fordert. Käfige dieser Grösse erlauben den Kaninchen weder einen Hakensprung noch das Männchenmachen oder Graben. Auch Gruppenhaltung ist nicht möglich. Die Verfasser der Tierschutzverordnung standen offensichtlich vor der unlösbaren Aufgabe, die Anforderungen von Forschung, Industrie, Mast, Zucht und Hobby-Tierhaltung unter einen Hut zu bringen. Leider wurden hier Mindestmasse festgelegt, die sich nach den Verhältnissen in den Labors richten. Gleichzeitig appelliert der Gesetzgeber aber mit der Forderung nach tiergerechter Haltung an den gesunden Menschenverstand der Heimtierhalter und an ihre Bereitschaft, ihren Schützlingen ein artgemässes Verhalten zu ermöglichen. Der Hinweis auf die Einhaltung von Mindestnormen darf also nicht als Ausrede benutzt werden, den Tieren einen engen Käfig zu kaufen.

Eigenverantwortung

Das Tierschutzgesetz unterscheidet nicht zwischen Kaninchen, die
- ein halbes Jahr in einem Labor leben
- zwei, drei Wochen in einer Zoohandlung verbringen
- sechs Monate gemästet und danach geschlachtet werden
- zehn bis zwölf Jahre in einer Familie als Haustiere gehalten werden.

Für die Tiere selber bedeutet es jedoch einen grossen Unterschied, ob sie sechs Monate oder zwölf Jahre in einem Käfig verbringen müssen. Dass solche Käfige gegenüber Heimtierbesitzer «vom Tierschutz empfohlen» angepriesen werden, beruht auf einer einseitigen Auslegung des Gesetzes und hat mit Tierschutz im Wortsinn nichts mehr zu tun. Die Käfige werden nämlich nicht vom Tierschutz *empfohlen*, sondern sie genügen lediglich den Mindestanforderungen der Tierschutzverordnung. Diese Tatsache entbindet uns jedoch nicht von der Eigenverantwortung und einer kritischen Auseinandersetzung mit den Lebensbedingungen unserer Kaninchen.

> **Die Tierschutzgesetzgebung unterscheidet nicht zwischen Labor-, Zucht-, Mast- und Heimtieren. Wir müssen unseren Lieblingen aus persönlicher Verantwortung heraus einen tierwürdigen Lebensraum zur Verfügung stellen.**

Verantwortung wahrnehmen heisst, unseren Kaninchen ein tierwürdiges Leben zu ermöglichen.

Verhaltensstörungen

Kaninchen in konventionellen Ställen oder Käfigen mit festem Boden und festen Wänden oder Gittern können vielen der genetisch angelegten Verhaltensweisen gar nicht nachkommen. Daraus entstehen teils massive Verhaltensprobleme wie zum Beispiel das Benagen der Gitterstäbe, ausdauerndes Scharren in einer Käfigecke als Ausdruck stereotypen Grabverhaltens oder Bissigkeit. Damit richten die Tiere eine Art «Hilferuf» an uns und zeigen, dass sie in ihrer Behausung keine Möglichkeit haben, sich naturgemäss zu verhalten.

> Verhaltensprobleme und -stereotypien bei Kaninchen sind Alarmsignale, die uns auf Haltungsfehler aufmerksam machen. In konventionellen Käfigen und Ställen ist artgemässes Verhalten nicht möglich.

Zimmerhaltung

Das Vivarium, das die Kaninchen jederzeit verlassen können, um ihre Hoppelsprünge auszuführen, ist ein wichtiger Teil ihres Lebensraumes.

Wenn wir das Bedürfnis unserer Kaninchen nach Bewegung also angemessen berücksichtigen wollen, kommen wir nicht darum herum, ihnen bei Innenhaltung ein Zimmer zur Verfügung zu stellen. Damit ist aber *nicht* gemeint, dass der betreffende Raum nun zu einer Art «Riesenkäfig» umfunktioniert werden muss ohne Möbel, Teppiche und Vorhänge, jedoch mit Stroh am Boden. Vielmehr geht es darum, ein Zimmer zu wählen, das so eingerichtet ist, dass unsere Kaninchen sich darin wohl fühlen und sicher bewegen können, und das auch für uns ohne grosse Einschränkung weiterhin benützbar bleibt. Es versteht sich von selbst, dass für diesen Zweck die «gute Stube» mit dem teuren Perserteppich und den antiken Möbeln nicht besonders geeignet ist. Schäden und kleine Zwischenfälle können im Kaninchenzimmer zwar in Grenzen gehalten, aber nicht gänzlich vermieden werden.

Die Kaninchenecke

Eine Ecke des Zimmers wird zur eigentlichen «Kaninchenecke» umfunktioniert. Dort steht zum Beispiel ein offenes Vivarium (siehe Anhang), das eine Grösse von 1,5 x 0,75 m aufweist, oder ein vergleichbares Behältnis. Dieses wird mit Zeitungen ausgelegt, mit saugfähigem Rindenmaterial versehen und schliesslich mit Heu ausgestattet. Das Futter wird den Tieren in dieser Ecke gereicht. Dazu benötigt man eine Heuraufe, ein auf einem flachen Stein erhöht platziertes Wassergeschirr sowie Tongefässe für Grünzeug und Körnerfutter.

Frische Äste etc.

Neben dem Futter sorgen wechselnde Nagematerialien dafür, dass unsere Kaninchen das Vivarium regelmässig und gern aufsuchen. Solche Äste, Zweige und Rindenstücke sind für das Wohlergehen der Tiere ausserordentlich wichtig. Sie dienen der Beschäftigung, der Gesunderhaltung der Zähne und der Befriedigung des ausgeprägten Nagetriebs. Wir müssen nicht befürchten, mit den natürlichen Materialien Krankheitserreger ins Haus zu tragen. Weder für Mensch noch Tier ergibt sich daraus ein Problem. Die Lebensqualität unserer Kaninchen und damit auch ihre Abwehrkräfte werden vielmehr um einiges verbessert.

Eine Schutzhütte

Obwohl in der Wohnung kein Regen fällt und es nie bitterkalt ist, brauchen die Kaninchen dennoch eine schützende Hütte, wohin sie sich zurückziehen können und wo sie sich geborgen fühlen. Das Bedürfnis, eine bergende Höhle aufzusuchen, ist tief in den Tieren verankert. Selbstverständlich muss die Hütte nicht wetterfest, aber dennoch stabil gebaut und vor allem für die Reinigung praktisch zu handhaben sein. Der Hüttenboden, versehen mit einer Plastikschale, wird mit Zeitungen und Einstreu ausgelegt. Besitzt die Hütte ein Flachdach, so dient sie zugleich als beliebter Ausguck. Achten Sie darauf, dass auch andere erhöhte Ebenen den Kaninchen zugänglich sind.

> Auch bei Innenhaltung brauchen Kaninchen eine schützende Hütte, um sich in die bergende Dunkelheit zurückziehen zu können. Darüber hinaus sollten verschiedene erhöhte Ebenen für die Tiere zugänglich sein.

Die Stubenreinheit

Kaninchen können durchaus stubenrein werden, aber um dieses Ziel zu erreichen, braucht es viel Geduld. Da die Tiere ihren Kot und Urin meistens dort absetzen, wo sie gefüttert werden, wählen sie von sich aus mit der Zeit das Vivarium als Versäuberungsort. Vielleicht legen wir zur Animation die herumliegenden Kotkügelchen dorthin. Wir können auch ein separates, mit Einstreu versehenes Kistchen aufstellen, die Kügelchen einsammeln und dort deponieren. Suchen sich die Kaninchen einen anderen als den von uns vorgesehenen Platz als Klo aus, so stellen wir das Kistchen eben dort auf. Das heisst für uns: Wir müssen die Tiere beobachten und einiges ausprobieren, um mit der Zeit und vor allem mit viel Geduld diese Angelegenheit in den Griff zu bekommen. Verspielte Jungtiere werden nicht so schnell stubenrein.

■ *«Max und Mimi haben immer in eine Kiste gemacht. Seit der Anschaffung eines neuen Tieres ist es jedoch vorbei mit der Reinlichkeit», erzählt uns Herr P.*

Sind die Tiere sich noch fremd, was für sie Stress bedeutet, dann will es mit der Sauberkeit nicht so schnell klappen. Ist jedoch einmal Ruhe eingekehrt, wirkt sich das günstig auf die Stubenreinheit aus. Ähnliches gilt hinsichtlich des Lebensraums, der entweder noch neu und fremd ist für die Kaninchen oder mit dem sie bereits vertraut sind, wobei das Einleben durchaus einige Monate dauern kann. Es lohnt sich also, Geduld zu haben. Tatsache bleibt, dass auch stubenreine Kaninchen bisweilen ihr Territorium markieren. Wer also Zimmerkaninchen hat, darf nicht zimperlich sein.

Nagen ist das Schönste

Für Kaninchen ist Nagen eine schöne, wichtige und nützliche Beschäftigung, die ihnen auch in der Wohnung unbedingt ermöglicht werden sollte. Was uns als Besitzerinnen oder Besitzer dabei aber vor allem interessiert, ist, *was* die Tiere benagen. Spätestens wenn Stuhlbeine oder Teppichfransen dran glauben müssen, hört der Spass für uns auf. Geraten gar Stromkabel zwischen die emsigen Nagezähne, wird es gefährlich für die Kaninchen, die auf diese Weise leicht einen Kurzschluss verursachen und einem Stromschlag zum Opfer fallen können.

Natürliche Nagematerialien sollten auch in der Wohnung täglich frisch angeboten werden.

Gegen solch unerwünschte Nagerei gibt es nur zwei Mittel: Zum einen sollen den Tieren jeden Tag reichlich frische Naturmaterialien wie Tannenäste, Laub- und Obstbaumzweige, Rindenstücke etc. angeboten werden. Zum anderen muss das Kaninchenzimmer auf mögliche Gefahren hin kontrolliert und gesichert werden. Es ist von Vorteil, das kostbare Erbstück, bei dem man nichts riskieren will, ins Nebenzimmer zu bringen, und alle Kabel so zu platzieren bzw. zu verschalen, dass sie für die Kaninchen nicht mehr zugänglich sind.

Balkonhaltung

Eine Alternative zur Zimmerhaltung ist die Balkonhaltung, aber nur dann, wenn der Balkon *nicht* auf der Südseite des Hauses liegt. Sollte das der Fall sein, ist der Balkon *kein* geeigneter Aufenthaltsort für die Kaninchen, da auf Grund der langen und intensiven Sonneneinstrahlung die Hitze zu gross wird. Dieses Problem lässt sich auch nicht mit Sonnenstoren oder Tüchern beheben, im Gegenteil. Solche Massnahmen stauen die Hitze und machen sie endgültig unerträglich. Steht Ihnen jedoch ein Balkon gegen Norden, Osten oder Westen zur Verfügung, dann kann er vielleicht zu einem Lebensraum für die Kaninchen werden. Balkonhaltung darf allerdings niemals einfach ein Abschieben der Tiere sein.

Mit etwas Fantasie kann auch auf dem Balkon tiergerechte Kaninchenhaltung realisiert werden. Foto: J. Roshard

Bewegung auf grossem Raum

Bei Balkonhaltung sollte den Kaninchen Tag und Nacht eine Fläche von mindestens sechs Quadratmetern zur Verfügung stehen. Sie müssen einen dort platzierten Käfig oder konventionellen Kaninchenstall jederzeit verlassen können. Nur so sind sie in der Lage, ihre Körpertemperatur in der kalten Jahreszeit durch Bewegung aufrechtzuerhalten und bei Hitze kühlende Schattenplätze aufzusuchen. Natürliche Unterschlüpfe wie Wurzelstrünke, Kisten oder grosse Röhren sind auf dem Balkon, der bei entsprechender Einrichtung und Pflege für alle benutzbar bleibt, von grösster Bedeutung. Zur Sicherheit der Tiere ist es allerdings nötig, von der Brüstung bis ganz oben ein Gitter mit stabilen und nicht zu grossen Maschen anzubringen. So sind die Kaninchen vor feindlichen Tieren wie Mardern und Katzen geschützt und werden daran gehindert, auf die Brüstung zu springen und von dort abzustürzen.

Sogar Graben ist jetzt möglich

Wie bei der Zimmerhaltung wird nun eine Ecke des Balkons speziell nach den Bedürfnissen unserer Kaninchen eingerichtet: eingestreutes Vivarium als Futter- und Nageplatz sowie eine Kaninchen-Toilette. Es empfiehlt sich, den Balkonboden zur Isolation mit Rasenteppichstücken zu versehen, wobei ein Teil des Betons unbedeckt bleiben darf. Auf dem Balkon ist es zudem möglich, den Tieren Gelegenheit zum Graben zu geben. Dazu werden grosse Töpfe oder Blumenschalen mit Erde oder Sand gefüllt. Und wenn Kaninchen graben, dann kann auch mal etwas daneben gehen. Aber statt uns zu ärgern, freuen wir uns lieber an der Lebensfreude und Aktivität unserer Tiere, die sich natürlich verhalten können.

Wetterfeste Hütte

Es versteht sich von selbst, dass Kaninchen, die ganzjährig auf dem Balkon gehalten werden, eine wetterfeste Hütte brauchen, auch wenn der Balkon gedeckt ist, damit sie vor Wind, Kälte und Nässe geschützt sind. Konventionelle Hüttchen, wie sie im Innenbereich benutzt werden, eignen sich nie für die Aussenhaltung. Kaninchen benötigen ihre Höhle, um sich sicher zu fühlen. Allerlei Geräusche und Erscheinungen können die Tiere erschrecken, vor allem im Dunkeln. Die Hütte soll immer offen stehen, auch nachts. Wie bereits erwähnt, sind Kaninchen auch nachtaktiv.

Die Nachbarn nicht vergessen

Wenn Sie Ihre Kaninchen auf dem Balkon halten, ist es wichtig, dies Ihren Nachbarn mitzuteilen und um Verständnis für allfällige Unannehmlichkeiten zu bitten. Solche kann es nämlich durchaus geben, sowohl für die

7 Innenhaltung: wenn die Wirklichkeit Kompromisse verlangt

Eine wetterfeste Hütte ist bei jeder Form der Aussenhaltung unentbehrlich.
Foto: J. Roshard

Nase wie für die Ohren. Die Ausdünstung der Kaninchen sowie ihre Ausscheidungen führen dazu, dass sich der typische Kaninchengeruch trotz täglicher Reinigung, die bei der Balkonhaltung dringend nötig ist, nie ganz vermeiden lässt. Bei hohen Temperaturen kann es innert Kürze sogar regelrecht zu stinken beginnen.

Wird ein Kaninchen durch irgendetwas aufgeschreckt, klopft es heftig mit den Hinterläufen auf den Boden. Am Tag überhört man das, in der nächtlichen Stille jedoch, wenn man vielleicht im Bett liegt und nicht schlafen kann, wird solcher Lärm gut wahrgenommen und oft auch als störend empfunden. Wichtig ist das informative Gespräch, *bevor* es zu Schwierigkeiten kommt.

> **Kaninchen auf dem Balkon kann man bisweilen riechen und hören. Deshalb ist gutem Einvernehmen mit der Nachbarschaft besondere Beachtung zu schenken.**

Kastration der Weibchen empfehlenswert

Den meisten Tierhaltern ist bereits geläufig, dass in einer Gruppe lebende Kaninchenböcke kastriert werden müssen, um den extremen Geruch zu reduzieren und vor allem um Nachwuchs zu verhindern. Bei Innenhaltung kann es aber sinnvoll sein, auch die *weiblichen* Tiere zu kastrieren.

Hitzetage und Scheinträchtigkeit

Auf ihre etwa alle zwei Wochen wiederkehrenden Hitzetage reagieren die weiblichen Tiere sehr unterschiedlich. Es gibt Zibben, deren Verhalten fast unhaltbar wird, weil sie unter Umständen sehr umtriebig sind und sich intensiv bemühen, eine Wurfhöhle zu graben und ein Nest zu bauen. Bei Aussenhaltung stellt das weniger ein Problem dar. Im Haus oder auf dem Balkon hingegen sind übermässiges Graben und Scharren unerwünscht und es ist auch störend, wenn die Tiere sich für das Nest Haare ausreissen und büschelweise Heu und Stroh durchs Zimmer tragen. In der Zeit der Hitze werden weibliche Tiere auch vermehrt zickig und aggressiv, wobei es sogar zu Beissereien kommen kann. Kastrierte Zibben hingegen sind in ihrem Verhalten ruhiger und friedlicher.

Immer wieder scheinträchtig werdende Zibben lässt man mit Vorteil kastrieren.

Nicht kastrierte Weibchen machen zudem oft eine so genannte Scheinträchtigkeit durch. Es handelt sich dabei um eine hormonelle Entgleisung, die dazu führt, dass der Körper eine Schwangerschaft simuliert. Die Zibben zeigen in der Folge die Verhaltensweisen eines trächtigen Tieres und sind vor allem mit Graben und Nestbau beschäftigt. Ausführliche Hinweise zur Kastration männlicher und weiblicher Tiere finden sich in Kapitel 10, Fortpflanzung und Geburtenkontrolle.

Orte, die als Lebensraum für Kaninchen ungeeignet sind

Auf den ersten Blick scheinen vielleicht auch ein Gartenhaus, eine Garage oder ein Kellerraum passende Aufenthaltsorte für Kaninchen zu sein. Dem ist aber nicht so. Diese Behausungen liegen meist abseits von unserem täglichen Leben und erschweren den dringend nötigen Kontakt zu unseren Tieren sowie die regelmässige Kontrolle. In einem Gartenhaus oder einer Garage kann es tagsüber zudem sehr heiss werden und die Zufuhr frischer Luft ist nicht ausreichend. Letzteres gilt entsprechend für Kellerräume, in die oft auch kaum Licht fällt.

Aussenhaltung an erster Stelle

Zum Schluss dieses Kapitels sei noch einmal betont, dass wir mit diesem Buch in erster Linie die Haltung von Kaninchen *im Freien* fördern möchten. Denn nur mit einem grossen Aussengehege können wir ihren Grundbedürfnissen einigermassen gerecht werden. Darüber hinaus ist diese Haltungsform auch für uns Tierhalterinnen und Tierhalter eine sehr schöne Aufgabe und ermöglicht uns, unsere Kaninchen über viele Jahre hinweg mit Freude zu pflegen.

7 Innenhaltung: wenn die Wirklichkeit Kompromisse verlangt

■ «Ich will meine Lieblinge in der Wohnung halten, weil ich so den besseren Kontakt zu ihnen habe; ich will sie nicht abschieben.»

Auch im Freien gehaltene Kaninchen bleiben zahm, wenn wir uns die nötige Zeit für sie nehmen.

Aus grundsätzlichen Überlegungen muss von Kaninchenhaltung in der Wohnung abgeraten werden. Auch eine nach bestem Wissen realisierte Innenhaltung vermag in mancher Hinsicht nicht zu genügen, weil den Grundbedürfnissen der Tiere bei dieser Haltungsform nur teilweise entsprochen werden kann und unter Umständen zahlreiche Probleme auftreten. Tierfreunde, die beabsichtigen, Kaninchen *neu anzuschaffen*, bitten wir dringend, dies nur dann zu tun, wenn sie ihre Tiere artgerecht im Freien halten können (vgl. Kapitel 4, Aussenhaltung: naturnaher Lebensraum im Freien).

> **Aussenhaltung darf jedoch kein Abschieben der Tiere sein, sondern stellt eine andere Haltungsform dar, die den Tieren viel eher gerecht wird.**

8   Die Anschaffung von Kaninchen

Am Anfang jeder Heimtiergeschichte stehen erfreulicherweise meist Begeisterung, Interesse an der neuen Aufgabe, liebevolle Gefühle den Tieren gegenüber und viele gute Absichten.

Am Anfang sind alle begeistert

Kinderherzen schlagen höher, wenn ein kleines, süsses Pelztier ausgesucht werden darf. Alle freuen sich: die Kinder am niedlichen Kaninchen und die Eltern an der Freude ihrer Kinder. So viele Versprechen wurden vor dem Kauf abgegeben und so viele gute Vorsätze gefasst. Dem neuen Mitbewohner soll es an nichts fehlen. Das Kaninchen wird ausgiebig gestreichelt und gehätschelt. Jede seiner Bewegungen wird interessiert beobachtet und freudig kommentiert. Der kleine Kerl bekommt einen Namen und steht konkurrenzlos im Mittelpunkt. Die Kinder streiten sich sogar, wer misten und füttern darf. Das ist Musik in den Ohren der Eltern. So viel guter Wille und ungetrübte Freude: Dieses Kaninchen hat das grosse Los gezogen.

Wer kann einem solchen Wollknäuel schon widerstehen!

Wie geht es weiter?

Einige Monate später ist aus dem kleinen Familienliebling ein ganz gewöhnliches, vielleicht unerwartet grosses Kaninchen geworden. Der Charme des jungen hat dem gesetzteren Benehmen eines erwachsenen

Tieres Platz gemacht, das nicht mehr so niedlich ist. Vielleicht hat das Kaninchen auch schon Eigenarten angenommen, die uns überhaupt nicht gefallen. Der Streit dreht sich nun nicht mehr darum, wer misten und füttern *darf*, sondern wer misten und füttern *muss*. Und wer lässt das Tier eine Weile aus seinem Käfig und fängt es nachher wieder ein? Wegen des penetranten Geruchs wird bereits ernsthaft überlegt, das Kaninchen ins Gartenhaus auszuquartieren. Dort würde man es bestimmt täglich besuchen und füttern sowie ab und zu seinen Käfig ausmisten. Da Kaninchen ja, laut gängiger Literatur, robust, genügsam und anspruchslos sind, wäre dieser Umzug gewiss zu verantworten. Und so kommt es, dass das einst umschwärmte «Familienmitglied» zum lästigen Anhängsel wird, dessen Hege und Pflege nur noch mit minimalem Aufwand betrieben wird.

Ein Tier ist keine Sache

Obwohl Tiere nach bestehendem schweizerischem Recht nicht mehr als Sache gelten, ist bekannt, wie wir bisweilen mit Dingen umgehen; man schafft sie an, erfreut sich an ihnen, wird ihrer überdrüssig und entsorgt sie. Das färbt leider oft ab auf die Art und Weise, wie wir Tiere behandeln: schnell gekauft, kurz geliebt, eine Weile noch geduldet und schliesslich weggegeben und vergessen.

Ständig nimmt die Zahl heimatlos gewordener Tiere zu. In unserer Wegwerfgesellschaft werden leider auch Tiere zu Wegwerfartikeln. Es ist eine traurige Tatsache, dass mehr als die Hälfte der in Wohnungen gehaltenen Kaninchen vorzeitig sterben, weitergegeben oder ausgesetzt werden bzw. in einem Tierheim landen, noch bevor ein Drittel der zu erwartenden Lebenszeit hinter ihnen liegt. Dies ist besonders bedauerlich, wenn man bedenkt, dass Kaninchen ein Alter von acht bis zehn Jahren erreichen können.

> Auch Kaninchen sind, wie alle Tiere, wertvolle Geschöpfe. Sie sind Leihgaben der Natur und haben Anspruch auf ein tierwürdiges Leben.

Begeisterung, die mehr ist als nur ein Strohfeuer

Erfreulicherweise gibt es Tierhalterinnen und Tierhalter, die echt bemüht sind, die Bedürfnisse der ihnen anvertrauten Kaninchen zu berücksichtigen und sie tiergerecht zu halten, auch wenn das mit etwas mehr Aufwand verbunden ist. Über die erste Begeisterung hinaus vertiefen sie ihre Beziehung zu den Tieren und erleben viel Schönes mit ihnen. Es ist wichtig, bereits im Vorfeld der Anschaffung von Kaninchen gewisse Überlegungen anzustellen, zum Beispiel über ihren zukünftigen Lebensraum sowie ihre Betreuung und Herkunft.

Keine Spontankäufe

■ *«Die zwei waren so süss, ich konnte einfach nicht widerstehen und habe auch den grössten Käfig gekauft. Niemand hat mir gesagt, dass sie so gross werden.»*

Wer kurz entschlossen Kaninchen anschafft

- aus einer momentanen Stimmung heraus
- aus Mitleid
- weil die Kinder so drängen
- weil eines der Kinder gerade Geburtstag hat
- weil die jungen Kaninchen so niedlich sind
- weil jemand anders seine Tiere los werden will

ist oftmals nicht in der Lage oder nicht bereit, für seine Tiere wirklich gute Lebensbedingungen zu schaffen und sie über Jahre hinweg zuverlässig zu betreuen.

> Es ist von Vorteil, sich vor der Anschaffung von Kaninchen bei einer kompetenten Person zu informieren, die mit der Beratung keine Verkaufsabsichten verbindet.

Wird ein Tier gekauft, steht bei der Beratung sehr oft das Geschäftsinteresse im Vordergrund und das Wohl der Tiere kommt an zweiter Stelle. Bei Spontankäufen passiert es, dass Kundinnen und Kunden Tiere und Zubehör ohne viel zu überlegen einkaufen und dann schon bald mit dem ersten Problem konfrontiert werden. Lassen Sie sich vor einem Kauf auf jeden Fall von Fachleuten informieren, die mit der Beratung keine Verkaufsabsichten verbinden, zum Beispiel bei einem Tierschutzverein oder dem Nager-Beratungstelefon.

Das traurige Ergebnis eines Spontankaufs: Weil der Käfig zu eng ist, gehen die zwei Kaninchen aufeinander los und werden deshalb mit einem in der Mitte platzierten Teppichresten auf Distanz gehalten.

Können die Kaninchen überhaupt artgerecht gehalten werden?

Vor der Anschaffung sollten wir uns Gedanken darüber machen, wo die Tiere leben werden. In vielen Fachgeschäften sind leider noch immer nur konventionelle Käfige im Angebot. Berücksichtigt man die vielseitigen Bedürfnisse der Kaninchen, wird jedoch klar, dass sie ins Freie gehören. Ein handelsüblicher Käfig ist niemals ein geeigneter Lebensraum für so bewegungsfreudige Tiere. Anders lautender, werbewirksamer Beratung sollte man keinen Glauben schenken. Allen, die Kaninchen *neu anschaffen*, raten wir dringend zu Aussenhaltung.

8 Die Anschaffung von Kaninchen

> **Fragen, die wir uns vor dem Kaninchenkauf stellen sollten**
>
> - Steht uns ein genügend grosser Garten zur Verfügung?
> - Können wir darin ein Gehege installieren?
> - Wer baut es oder wo beziehen wir es?
> - Wo versorgen wir alles Zubehör wie Einstreu, Futter, Heu, Reinigungsutensilien?
> - Können wir uns die Aussenhaltung von Kaninchen überhaupt leisten?
> - Haben wir ausreichend Zeit für die Betreuung unserer Kaninchen?

Der Zeitaufwand und die Kosten für die Anschaffung der Tiere, das Gehege, das Futter, die Einstreu sowie die tierärztliche Versorgung dürfen nicht unterschätzt werden. Verantwortlich handeln kann bedeuten, trotz Tierliebe, trotz dem Drängen der Kinder, trotz des süssen Blicks der kuscheligen Tierbabys ganz bewusst *keine* Kaninchen anzuschaffen, weil man ihnen keine guten Lebensbedingungen zu bieten vermag.

Ferienbetreuung

Wer versorgt die Kaninchen, wenn wir in den Ferien sind? Diese Arbeit ist viel aufwändiger als andere Gefälligkeiten wie die Blumen giessen oder den Briefkasten leeren. Wir sollten also frühzeitig eine Person suchen, die bereit ist, die Tiere gewissenhaft zu betreuen und die dafür nötige Zeit zu investieren. Mit Vorteil verbleiben die Kaninchen in ihrer vertrauten Umgebung. Es ist dringend davon abzuraten, sie in eine andere Kaninchengruppe zu geben, weil die Anpassungszeit viel zu lange dauert und der Stress zu gross ist. Das Einsperren der Tiere in einen Käfig sollte nicht in Erwägung gezogen werden.

Kauf auf Kinderwunsch

Häufig werden Kaninchen angeschafft, weil die Kinder sich das sehnlichst wünschen. Bei einem Freund, einer Kameradin oder in der Zoohandlung haben sie so ein entzückendes Tierchen gesehen. Wer Kinder kennt, weiss, wie ausdauernd sie einem dann bedrängen und in den Ohren liegen können mit ihrem Wunsch.

Kaninchen oder andere Tiere sollten aber niemals *in erster Linie* für die Kinder angeschafft werden. Auch wenn diese lange und ungeduldig auf die Erfüllung ihres Wunsches gewartet haben, ist ihre Begeisterung nachher meist von kurzer Dauer und die guten Vorsätze sind schnell vergessen. Kaum je hält die Freude über Jahre hinweg an, was damit zusammenhängt, dass ein Mensch im jugendlichen Alter seine Interessen häufig wechselt und ganz Verschiedenes kennen lernen und erfahren möchte. Das ist normal und hat nichts mit Verantwortungslosigkeit zu tun. Immer wieder andere Themen beschäftigen Kinder und Jugendliche. Schulstress, Freundschaften, Freizeitaktivitäten usw. füllen ihre Zeit aus. Das Resultat sind frustrierte Eltern, müde geworden, die Kinder ständig an ihre Pflichten zu erinnern, und vernachlässigte Tiere. Gleichgültigkeit und Resignation führen dazu, dass die Kaninchen immer mehr sich selber überlassen bleiben, apathisch werden und in unsauberen Käfigen oder Gehegen verkümmern. Aus lauter Langeweile fressen sie mehr, als ihnen gut tut.

> **Kaninchen für Kinder anzuschaffen ist nur dann sinnvoll, wenn mindestens ein Elternteil mit viel Freude und Verantwortungsbewusstsein hinter der Sache steht.**

Kinder sind mit der Pflege überfordert

Kinder sind in jedem Alter mit der alleinigen Pflege und Betreuung von Kaninchen überfordert. Eine Katze oder ein Hund können auf ihre Bedürfnisse aufmerksam machen. Kaninchen jedoch melden sich nicht, wenn sie Hunger und Durst haben, wenn ihre Behausung stinkt und ihnen langweilig ist. Still leiden sie vor sich hin und ertragen ihr Schicksal. Um Unwohlsein oder Krankheiten frühzeitig zu erkennen, muss man über einige Kenntnisse verfügen und die Tiere sorgfältig beobachten. Kinder sind dazu nicht in der Lage, sondern nur kundige Erwachsene. Aus diesen Gründen sollten vor allem die Eltern oder mindestens ein Elternteil selber grosse Freude an diesen Tieren haben und voll und ganz hinter ihrer Anschaffung stehen. Kaninchen sind keine weichen Kuscheltiere, die man nach Lust und Laune streicheln und hochheben darf. Leider werden sie oft so behandelt, was dann leicht schief gehen kann. Auf Grund ihres sehr zerbrechlichen Körperbaus sollten Jungtiere nie von Kindern herumgetragen werden. In der Tierarztpraxis sehen wir oft Kaninchen, die Kinderhänden entschlüpft sind und sich etwas gebrochen haben. Jung und spielfreudig, muss so ein Tierchen dann von seiner Sippe getrennt und zur Pflege eingesperrt werden.

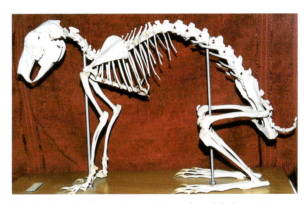

Kaninchen haben einen sehr zerbrechlichen Körperbau und sollten deshalb nicht von Kindern getragen werden.

Kaninchen dulden längst nicht jede Form von Zuwendung und können sich durch Kratzen und manchmal auch Beissen heftig wehren, wenn ihnen etwas nicht gefällt. Auf diese «wilde» Seite sollte man gefasst sein, um nicht Kratzer oder Wunden davonzutragen. Kinder und Erwachsene unterschätzen in der Regel solche plötzlichen Reaktionen. Wenn wir unsere Kaninchen jedoch sachgemäss behandeln, das heisst viel mit ihnen sprechen, sie streicheln, ohne sie aufzuheben, und sie von Hand füttern, können sie zahm werden und lassen dann Liebkosungen gerne zu.

Die Verantwortung der Eltern

Im Interesse der Kaninchen muss die Verantwortung für ihr Wohlergehen ganz klar bei den Eltern liegen. Ihre Freude an dieser Aufgabe ist eine der wichtigsten Voraussetzungen für den Tierkauf. Am Vorbild der Eltern können Kinder lernen, was es heisst, ein verantwortungsvoller Tierhalter zu sein. Unter Anleitung und Kontrolle einer erwachsenen Person sind Kinder dann durchaus in der Lage und auch motiviert, einiges an Pflichten zu übernehmen.

Kaninchen werden bis zu zehn Jahre alt. Das bedeutet, dass wir bei ihrer Anschaffung eine *langfristige* Verpflichtung eingehen. *Jeden* Tag, bei *jedem* Wetter und auch dann, wenn wir uns krank fühlen, müssen die Tiere versorgt werden. Sorgfältiges Abwägen im Vorfeld eines solchen Projektes ist deshalb angebracht.

Kaninchenhaltung, wie Heimtierhaltung überhaupt, gibt uns und unseren Kindern die Möglichkeit, das Wesen der Tiere kennen und verstehen zu lernen. Dabei lässt sich immer wieder Neues entdecken, denn jedes Tier hat seinen eigenen Charakter. Kinder, die mit Tieren aufwachsen und bei deren Betreuung mithelfen dürfen, lernen Rücksichtnahme und Einfühlungsvermögen den ihnen anvertrauten Wesen gegenüber. Da Kaninchen recht zutraulich werden, kann sich ein sehr schönes Verhältnis mit tiefer Zuneigung zwischen Mensch und Tier entwickeln. Die Anschaffung von Kaninchen vermag das Leben von Erwachsenen und Kindern nachhaltig zu bereichern.

Gehen die Eltern respektvoll mit den Tieren um, werden auch die Kinder eine gute Beziehung zu ihnen aufbauen können.

Foto: Ch. Ziörjen

Woher nehmen wir unsere Kaninchen?

Diese Frage verdient besondere Aufmerksamkeit, denn es gibt verschiedene Möglichkeiten, in den Besitz von Kaninchen zu gelangen.

Aus einem Tierheim

Es ist eine traurige Tatsache, dass jährlich Hunderte von Kaninchen, auch Jungtiere, in Tierheimen landen. Deshalb lohnt sich die Überlegung, ob man nicht solchen Tieren einen neuen und schönen Platz anbieten und auf diese Weise einen sinnvollen Beitrag zu aktivem Tierschutz leisten möchte. In einem guten Tierheim werden meist Kaninchen abgegeben, die bereits kastriert, geimpft und aneinander gewöhnt sind. Dadurch lassen sich die Anfangsschwierigkeiten mit medizinischen Behandlungen und einer nervenaufreibenden Anpassungszeit umgehen.

In Tierheimen warten auch Jungtiere auf verantwortungsbewusste Tierfreunde

> Die Frage nach dem «Woher?» unserer Kaninchen ist nicht unbedeutend. Hunderte von Kaninchen warten in Tierheimen auf einen guten Platz auf Lebenszeit.

Vom Züchter oder aus der Zoohandlung

Züchter bieten Kaninchen direkt oder via Fachhandel zum Kauf an. Aus gesundheitlichen Gründen sollte ein Jungtier mindestens zehn Wochen bei seiner Mutter bleiben. Gute Zoohandlungen verkaufen keine Winzlinge, keine Einzeltiere und keine unkastrierten Männchen. Oder sie verweisen mindestens auf die Möglichkeit der Frühkastration. Leider gibt es aber auch solche, welche die Tiere viel zu jung anbieten, damit sie süss aussehen und gut in die kleinen Käfige passen, und sie dadurch einem erhöhten Krankheitsrisiko aussetzen. Kundinnen und Kunden, die zu junge Tiere erwerben, machen sich mitverantwortlich für solche Missstände. Sprechen Sie beim Kaninchenkauf diesen Aspekt an. Ein verändertes Bewusstsein auf Seiten der Kundschaft beeinflusst das Angebot. Mitleid mit gewissen Tieren, die zur Auswahl stehen, stellt keine gute Ausgangslage für den Kauf dar. Lassen sie sich deshalb nicht von «traurig» dreinblickenden Knopfaugen verführen.

Kaninchen aus zweiter Hand

Weil Kaninchen so gebärfreudig sind, werden viele überzählige Jungtiere im Bekanntenkreis oder via Zeitungsinserat weitergereicht. Kaum ein Gratisanzeiger, in dem nicht jede Woche junge Zwergkaninchen oder sonst irgendwie überflüssig gewordene Kaninchen angeboten werden, oft gleich mitsamt Käfig. Das Wort «gratis» dient dabei als Lockvogel und soll dem neuen Besitzer oder der künftigen Besitzerin den Entscheid leicht machen. Was nichts kostet, kann man ja mal ausprobieren und dann auch wieder weitergeben. Im Grunde sind solche Gratisgeschäfte Ausdruck der Respektlosigkeit den Tieren gegenüber.

> Können Jungtiere leicht weitergegeben werden, so leistet dies ihrer unkontrollierten Vermehrung Vorschub. Lebewesen sind aber keine Wegwerfartikel.

Wer ein Jungtier aus zweiter Hand übernimmt, sollte sich vergewissern, dass das Tierbaby zehn Wochen bei seiner Mutter war, und zudem die Frage nach der Kastration des Vatertiers stellen. Unterbleibt nämlich diese Massnahme, dauert es nicht lange, bis der nächste Wurf zu platzieren ist. Aus solch fahrlässigem Tun resultiert viel Tierleid. Die Nachfrage besteht zwar, aber *gute* Plätze für Kaninchen sind rar! Die Aufnahme «überschüssiger» Jungtiere ist deshalb nur dann vertretbar, wenn im gleichen Zug die Kastration des Vatertiers gefordert und dann vom Besitzer auch tatsächlich realisiert wird.

Übernahme aus schlechten Haltungsbedingungen

■ *«Der Kaninchen-Bub lebte jahrelang mit Meerschweinchen Köbi zusammen in einem viel zu kleinen Käfig. Wir haben die zwei übernommen und ihnen ein viel grösseres Gehege gebaut.»*

Natürlich sollten wir nicht die Augen verschliessen, wenn es darum geht, einem Lebewesen zu helfen. Aber unser Angebot ist nur dann sinnvoll, wenn den betroffenen Tieren damit *wirklich* geholfen wird. Nur kleine und damit meist ungenügende Veränderungen dienen unserer Gewissensberuhigung, aber nicht dem Wohl der Kaninchen. In erwähntem Fall wäre es nötig, beide Männchen zu kastrieren, ihnen zwei weibliche Artgenossen beizugesellen und alle vier zusammen in einem Aussengehege unterzubringen. *Mitleid ist keine ausreichende Basis für die Übernahme von Tieren aus schlechter Haltung.* Es darf auch nicht vergessen werden, dass jede Umplatzierung viel Stress bedeutet und nur dann zumutbar ist, wenn der neue Ort auf Dauer gute Haltungsbedingungen garantiert. Wer selber nicht in der Lage ist, den Kaninchen tiergerechte Lebensbedingungen zu schaffen, kann aber dennoch aktiven Tierschutz leisten, indem er sich bemüht, für die betroffenen Tiere einen neuen guten Platz zu finden.

Sinnlose Zuchten

Sinnlose Zuchten sollten nicht unterstützt werden. Extrem kleinwüchsige Tiere weisen oft zahlreiche Mängel auf wie etwa Zahnstellungsfehler und sind oft viel aggressiver als ihre Artgenossen. Kaninchenkenner entscheiden sich meistens eher für eine grössere Rasse. Überzüchtungen führen zu diversen Problemen: Das Fell eines Angora-Kaninchens bildet Knoten und verfilzt bei tiergerechter Haltung zum Beispiel sehr schnell. Solche Tiere müssen in der Regel alle drei Monate unter Narkose geschoren werden. Oder englische Widder haben so lange Ohren, dass sie ständig verletzt sind, weil sie selber darauf treten.

Auch wenn jedes einmal geborene Tier grundsätzlich das gleiche Recht auf ein tierwürdiges Leben hat, so müssen wir uns als Käuferinnen oder Käufer dennoch bewusst sein, dass wir mit dem Erwerb von Kaninchen aus Extremzuchten die entsprechende Nachfrage steigern. Anders verhält es sich, wenn ein solches Tier in einem Tierheim wartet. Dann bestehen gegenüber seiner Aufnahme keine Vorbehalte, weil wir nicht wie beim Kauf im Fachhandel oder beim Züchter den Absatz fördern.

Die Problematik der unkastrierten Männchen

Dass im Handel und in der gängigen Literatur fast immer nur weibliche Tiere empfohlen werden, hat unter anderem leider auch kommerzielle Gründe. Würden nämlich ein Pärchen oder zwei Männchen angeboten, dann müsste man auf die Notwendigkeit der Kastration hinweisen oder, falls sie bereits vorgenommen wurde, einen höheren Preis verlangen, was einige Kunden vom Tierkauf abhalten könnte. Kaninchenböcke werden deshalb lieber mit einem Meerschweinchen kombiniert. Dies wird jedoch, wie bereits erwähnt, keinem der Tiere gerecht und führt später oft zu Problemen.

Wie viele Tiere nehmen wir auf?

Wem bewusst ist, dass Kaninchen nicht einzeln leben sollten, der geht meistens davon aus, zwei Tiere anzuschaffen. Es gibt aber gute Gründe, von Anfang an mindestens *drei* Kaninchen aufzunehmen:

- Mehrere Tiere stimulieren sich gegenseitig zu aktiverem Verhalten.
- Stirbt ein Kaninchen, kann in aller Ruhe ein *wirklich* passender neuer Partner gesucht werden. Denn ein Sippentier sollte nie, auch nicht vorübergehend, alleine bleiben.
- In einem neuen Gehege ist das Zusammenstellen einer Gruppe am einfachsten. Sind die Tiere einmal revierbezogen, geht die Neueingliederung eines Artgenossen nicht ohne Rangordnungskämpfe ab, die zum Teil lange andauern und heftig ausfallen können.

In einer Gruppe von drei bis vier Kaninchen ergibt sich eine gute Dynamik.

> Werden drei bis vier Kaninchen zusammen gehalten, sind sie in ihrem Verhalten viel aktiver. Zudem muss ein verstorbenes Tier nicht überstürzt ersetzt werden.

Informationen über Geschlecht und Integration der Tiere finden sich im nächsten Kapitel.

Wenn die Kaninchen zu uns kommen

Ist schliesslich alles bedacht und entschieden und steht der Herkunftsort unserer Kaninchen fest, dann wächst die Ungeduld, vor allem die Ungeduld der Kinder. Ein guter Anfang soll nun die Basis legen für eine lange und gute gemeinsame Zeit mit unseren Tieren. Daher lohnt es sich gerade jetzt, besonnen vorzugehen.

Lebensraum bereit machen

Damit das Einquartieren für die Kaninchen möglichst ruhig verläuft, sollte das Gehege *vor* dem Kauf der Tiere ganz fertig gestellt sein. In der Anfangszeit müssen unsere Lieblinge ohnehin mit einer ganz fremden Umgebung und vielen neuen Geräuschen zurechtkommen und sind, vielleicht bei anderen fremden Tieren, dem Anpassungsstress ausgesetzt (vgl. nächstes Kapitel), so dass man sie nicht auch noch mit Bauarbeiten oder anderen Störungen belästigen sollte. Sie werden sonst sehr ängstlich oder sogar aggressiv.

Zurückhaltung üben

In ihrer ersten Begeisterung werden die Kinder unter Umständen sehr stürmisch auf die Kaninchen zugehen, was diese aber gar nicht schätzen. Es kann passieren, dass sie dann kratzen oder beissen, wenn man sie hochhebt, oder sich bei einem Sturz verletzen. Übermut und Unvorsichtigkeit führen möglicherweise zu folgenschweren Unfällen, welche die anfängliche Freude nachhaltig zu trüben vermögen.

Die Kinder hören es nicht gerne und auch uns Erwachsenen fällt es oft nicht leicht, aber dennoch empfiehlt es sich: langsam und sorgfältig vorgehen, Geduld haben, Rücksicht üben. Mit den Augen schauen, nicht mit den Händen. Damit wird schon in den ersten Stunden und Tagen ein Beispiel gegeben für den respektvollen Umgang mit unseren Kaninchen. Und ein solcher Umgang ist die Voraussetzung für ein beglückendes Miteinander von Mensch und Tier. Nicht nur am Anfang, sondern während vieler Jahre.

9 Das einmalige Sozialverhalten

Kaninchen sind keine Einzelgänger, sondern Gemeinschaftstiere mit einem ausgeprägten Bedürfnis nach Sozialkontakt. Für ihr Wohlergehen ist es sehr wichtig, mit einem oder mehreren Artgenossen zusammen sein zu können. Wird ein Kaninchen einzeln gehalten, muss es genau auf das verzichten, was sein Leben eigentlich lebenswert macht: auf den anregenden und vielfältigen Austausch mit andern Tieren seiner Art.

Jedes Kaninchen braucht Artgenossen

■ «Mein Wuschel hat den ganzen Tag, im Sommer und im Winter, Auslauf im Garten; ihm fehlt bestimmt nichts!»

Dieser Eindruck ist falsch. Wuschel fehlt ein Artgenosse, der sein Verhalten versteht und mit dem er intensiven Kontakt pflegen kann. Weder ein Tier einer anderen Art noch der Mensch sind in der Lage, einem Kaninchen ein wirklicher Partner zu sein. Ein Kaninchen wird gegenüber seinen Betreuungspersonen zwar sehr zutraulich, aber diese Beziehung zum Menschen oder einem andersartigen Tier kann niemals Ersatz sein für den Kontakt zu einem Artgenossen. Nur im Zusammenleben mit einem oder mehreren Kaninchen vermag es seinem Verlangen nach Sozialkontakt nachzukommen. Wer seine Kaninchen tiergerecht halten will, muss beachten, dass auch der schönste und grösste Lebensraum die Vereinsamung und das psychische Leiden nicht aufheben kann.

> **Ein Sippentier sollte immer mit Artgenossen zusammen leben können, sonst treten Verhaltensstörungen auf. Ein halber Monat Einzelhaft eines Kaninchens ist gleichbedeutend mit einem halben Jahr Isolation eines Menschen.**

Nur in Gesellschaft von mindestens einem Artgenossen fühlen sich Kaninchen rundum wohl.

Warum werden so viele Kaninchen einzeln gehalten?

Obwohl Kaninchen Gruppentiere sind, beginnen sie zu streiten, wenn sie in den herkömmlichen Käfigen leben müssen, und zwar nicht wegen Anpassungsschwierigkeiten, sondern auf Grund der beengten Haltungsbedingungen und der ständigen Unterforderung. Auch uns Menschen ginge das nicht anders, wenn wir zu zweit auf engstem Raum eingesperrt wären. Leider gibt es nur wenig Fachgeschäfte, die tiergerechte Kaninchenausläufe anbieten. So werden diese Tiere aus kommerziellen Gründen immer wieder einzeln oder zusammen mit einem Meerschweinchen verkauft. Es liegt an den Konsumenten, sich zu dieser Problematik Gedanken zu machen und entsprechend zu handeln.

Verschiedene Verhaltensweisen beim Sozialkontakt

Unter Kaninchen geht es ganz ähnlich zu und her wie unter Menschen: Man mag sich und zeigt das oder es wird gestritten und gekämpft. Und nach Schwierigkeiten rauft man sich wieder zusammen oder geht sich auch einmal eine Weile aus dem Weg. Beim Beobachten unserer Kaninchen können wir nicht nur allerlei Spannendes, sondern auch viel Gegensätzliches wahrnehmen. Diese verschiedenen Verhaltensweisen sind angeboren; aber darüber hinaus entwickelt jedes Tier seine ganz individuelle Eigenart.

Nähe. Durch leichtes Anstupsen mit der Schnauze begrüssen sich die Kaninchen. Sie kuscheln gern miteinander und lecken sich gegenseitig mit grosser Ausdauer den Kopf und die Ohren. Diese soziale Fellpflege dient zwar auch der Hygiene, denn Kaninchen sind sehr saubere Tiere, sie fördert aber in erster Linie die freundschaftliche Bindung innerhalb der Gemeinschaft und befriedigt das grosse Bedürfnis nach Berührung. Ein Tier stupst seinen Partner mit der Schnauze und bittet damit um ein Zeichen der Zuwendung. Sind genug Zärtlichkeiten ausgetauscht, wird der andere mit der Schnauze wieder weggeschoben. Will ein Tier nicht gestört werden, gibt es das mit einem etwas heftigeren Nasenstüber zu verstehen.

Das ist kein Deckakt, sondern der Ausdruck von Dominanz oder ganz einfach eine liebevolle Umarmung.

Bewegung. Zwischendurch rennen die Tiere gemeinsam durchs Gehege und scheinen Fangen und Verstecken zu spielen. Müde geworden, lassen sie sich gerne irgendwo alleine zum Ausruhen nieder. Etwas Typisches auch für Weibchen ist das Aufsteigen von hinten bei Partnertieren beiderlei Geschlechts. Durch dieses Verhalten, das auch eine sexuelle Komponente hat, wird Dominanz ausgedrückt. Wer dies beobachtet, fragt sich vielleicht verwundert, ob er tatsächlich ein weibliches Tier vor sich hat oder nicht vielleicht doch einen Bock. Solche Zweifel lassen sich nur mittels Geschlechtsbestimmung durch eine Fachperson ausräumen.

Erkennen. Kaninchen markieren ihr Revier und verständigen sich untereinander mit Hilfe von Duftstoffen, die in verschiedenen Drüsen produziert werden, nämlich den Kinn-, Leisten- und Analdrüsen. Die beweglichen Nasenflügel sind emsig am Schnuppern. Mit dem Sekret der Analdrüsen überziehen die Kaninchen ihre Kotkügelchen, die zusammen mit dem Harn ebenfalls der Reviermarkierung und dem gegenseitigen Erkennen der Tiere dienen.

Klopfen. Gefühle wie Unsicherheit, Angst oder Erschrecken kann ein Kaninchen ausdrücken, indem es kurz und heftig mit beiden Hinterläufen auf den Boden klopft, um dadurch den Feind zu beeindrucken und die andern Tiere zu warnen. Der ganze Körper ist jetzt angespannt, die Ohren angelegt, die Augen weit geöffnet. Solches Klopfen stellt also ein Alarmsignal dar, dem Flucht oder Angriff folgt.

Angst und Aggression. Diese beiden Impulse liegen nahe beieinander. Ein ungewohntes Geräusch, ein bedrohlicher Anblick, ein neuer Geruch, ein unbekanntes Tier oder ein fremder Mensch können bei Kaninchen Unsicherheit und Angst oder eben auch Aggression auslösen. Ein solchermassen gestresstes Tier geht dann sehr oft sogar auf einen sonst geliebten Partner los, was bei uns Unverständnis hervorruft. Aber das ist völlig normal und gehört zum belebten Alltag.

Angriff. Auf Drohgebärden kann ein heftiger Angriff folgen, der unerfahrene Tierhalter erschreckt. Da fliegen dann ganz sprichwörtlich die Fetzen: Die Kaninchen springen hoch, treten mit den Hinterläufen, schlagen mit den Vorderbeinen und beissen zu, wobei der Gegner bisweilen Haare lassen muss oder kleine Schrammen davonträgt. Wie nachfolgend aufgeführt, sieht alles schlimmer aus, als es ist. Wenn der Lebensraum der Tiere gross genug ist und genügend Rückzugsmöglichkeiten vorhanden sind, besteht kein Grund zur Panik.

Freude. Kaninchen können durch ihr Verhalten auch ihre Freude ausdrücken: Mit munteren Hoppelsprüngen und wendigem Hakenschlagen zeigen sie, dass ihnen rundum wohl ist. Nehmen wir dies als Dankeschön der Tiere an uns, als Dankeschön dafür, dass wir ihnen einen geeigneten Lebensraum eingerichtet haben, sie gut versorgen und Verständnis für ihr Wesen und ihre Bedürfnisse aufbringen.

> Die Kaninchen verdanken unseren Einsatz für ihr Wohl und den Respekt gegenüber ihren Bedürfnissen mit munterem Treiben als Ausdruck von Lebensfreude.

Zusammenstellen einer Kaninchengruppe

Für das erfolgreiche Zusammenstellen einer Gruppe von Kaninchen spielen der Charakter der einzelnen Tiere sowie deren Geschlecht und Alter eine wichtige Rolle. Rasse und Grösse der Tiere hingegen sind von untergeordneter Bedeutung. Kleine Kaninchen sind meist etwas schneller und frecher, die grossen etwas langsamer und gutmütiger.

Kombinationen

Werden lediglich zwei Kaninchen zusammen gehalten, dann akzeptieren sie sich am schnellsten, wenn es sich um ein Männchen und ein Weibchen handelt. Bezüglich Gruppenhaltung ist zu erwähnen, dass kastrierte Kaninchenböcke viel friedlicher sind als Meerschweinchenböcke und grösstenteils auch friedlicher als unkastrierte Zibben. Man sollte unbedingt berücksichtigen, dass ein Jungtier einen Spielgefährten im ebenfalls jugendlichen Alter braucht und ein erwachsenes Tier einen eher schon etwas gesetzteren Partner. Ein Jungtier würde vielleicht schneller akzeptiert werden, wäre aber bei den obligaten, zum Teil heftigen Revier-

Bei der Zusammenstellung einer Gruppe spielt die Rasse der Tiere keine Rolle; entscheidend sind Charakter und Geschlecht.

kämpfen kräftemässig unterlegen; dadurch könnte es sogar tödliche Verletzungen erleiden.

Im Blick auf eine intensivere Dynamik unter den Kaninchen empfehlen wir, jeweils eine Gruppe von drei bis vier Tieren zu halten, und zwar nach Möglichkeit von Anfang an, denn die Neueingliederung eines weiteren Kaninchens ist mit viel Stress verbunden. Wenn ein Kaninchenpärchen über längere Zeit zusammengelebt hat und die beiden intensiv aufeinander bezogen sind, empfiehlt es sich, gleich *zwei* neue Tiere zu integrieren. Bei nur *einem* Neuling kann es vorkommen, dass er zwar mit der Zeit akzeptiert wird, aber ein Aussenseiterdasein fristen muss.

In einer Gruppe sind verschiedene Kombinationen möglich:

- ein kastrierter Bock und ein bis drei Weibchen
- zwei kastrierte Böcke und zwei bis vier Weibchen
- nur kastrierte Böcke in kleinen Gruppen.

Auch ganz andere Kombinationen sind denkbar. Die erfolgreiche Zusammenstellung einer Kaninchengruppe hängt weniger von Zahl und Geschlecht der Tiere ab als vom Charakter der einzelnen Kaninchen.

Nur Männchen. Das mag erstaunen, aber es ist so: Mehrere Böcke können in einer kleinen Gruppe sehr harmonisch zusammenleben, wenn es sich dabei ausschliesslich um kastrierte Tiere handelt, die nicht allzu dominant sind. Ausgewachsene *unkastrierte* Männchen jedoch gehen mit Sicherheit aufeinander los.

Nur Weibchen. Eine reine Weibchengruppe ist nicht zu empfehlen, da die Zibben oft reichlich giftig und aggressiv miteinander umgehen. Lebt jedoch mindestens ein kastrierter Bock unter ihnen, dann wirkt sich das sehr beruhigend auf die Tiere aus. Der Bock schlichtet Streitereien und geht seinerseits auf Angriffe von Zibben nicht ein.

> Um Stress zu vermeiden, empfiehlt es sich, von Anfang an eine kleine Gruppe von drei bis fünf Kaninchen zusammen zu halten.

Es gibt keine Einzelgänger

■ *«Unser Klopfer ist ein Einzelgänger. Wir haben schon mehrere Male versucht, ihm diesen oder jenen Artgenossen beizugesellen. Aber er hat keinen akzeptiert.»*

Die Behauptung, dass ein Kaninchen, das lange alleine gelebt hat, sich nicht mehr in eine Sippe integrieren lässt, ist falsch. Seit über zehn Jahren stellen wir jährlich Hunderte von neuen Gruppen zusammen und machen dabei die Erfahrung: Einzelgänger gibt es nicht, aber schwierige Tiere und ungeduldige Besitzer. Um die gegenseitige Angewöhnung sich fremder Kaninchen zu bewältigen, muss man einiges wissen und berücksichtigen. Und es braucht vor allem sehr viel Geduld, Einfühlungsvermögen, gute Nerven und die Bereitschaft, unter Umständen eine sehr turbulente und lange Anpassungszeit zu akzeptieren.

> Obwohl Kaninchen sehr soziale Tiere sind, ist ihre Anpassung oft schwierig und erfordert viel Vorbereitung, einiges Wissen und Geduld.

Vorgehen bei der Anpassung

Auf neutralem Boden. Die Anpassung sich fremder Kaninchen geschieht am einfachsten auf neutralem Boden, wo sie einige Zeit bleiben können und noch keines der Tiere revierbezogen ist. Nach der Umplatzierung ins Gehege kann es zwar dennoch zu erneuten Rangordnungskämpfen kommen, die dann aber harmloser ausfallen.

Reinigung und Neugestaltung des Reviers. Eine andere Möglichkeit besteht darin, ein einzelnes Kaninchen, das einen Partner erhalten soll, bzw. eine Gruppe, die ergänzt wird, für einige Tage aus dem gewohnten Revier herauszunehmen. In dieser Zeit werden das Gehege ausgeräumt und alle Einrichtungsgegenstände gründlich gereinigt. Anschliessend strukturieren wir den Lebensraum der Kaninchen neu mit Hilfe frischer

Gute Einrichtung des Geheges erleichtert die Eingliederung von Neulingen. Diese sollten sich immer wieder ausser Sichtweite der Alteingesessenen erholen können.

Materialien aus Wald und Garten. Zum Schluss wird überall frisch eingestreut. Wichtig ist, dass den Tieren viele Unterschlüpfe, Röhren, Ecken und Nischen zur Verfügung stehen. Erst dann werden alle Kaninchen, die alteingesessenen und die Neuankömmlinge, gleichzeitig ins Revier entlassen.

> Mehrere Unterschlüpfe und natürliches Nagematerial zur Beschäftigung vereinfachen die Integration eines neuen Tieres in eine bestehende Gruppe.

Lange Anpassungszeit. Es ist wichtig, dass wir uns innerlich auf eine für Mensch und Tier anspruchsvolle Anpassungszeit einstellen, die drei Tage bis drei Wochen, in Extremfällen auch bis zu einem halben Jahr dauern kann. In diesem Zeitraum kommt es zu teilweise heftigen Rangordnungskämpfen und die Kaninchen sind grossem Anpassungsstress ausgesetzt. Damit umzugehen, ist für uns Tierhalterinnen und Tierhalter nicht einfach. Wir müssen bereit sein, diese Phase bei der Zusammenstellung einer neuen Kaninchengruppe zu akzeptieren und bei Schwierigkeiten nicht gleich aufzugeben. Gelegentlich verläuft die erste Phase des Zusammenseins sich fremder Kaninchen konfliktfrei und man denkt, das müsse wohl «Liebe auf den ersten Blick» sein. Doch dieser Eindruck täuscht; solche Tiere holen ihre Rangordnungskämpfe meistens einige Tage später nach. Wenn die Kaninchen sich dann buchstäblich zusammengerauft haben, werden sie und wir jedoch reichlich belohnt durch ein weitgehend friedliches Zusammenleben der Tiere über viele Jahre hinweg.

> Im Gegensatz zu anderen Tierarten, darf einem ausgewachsenen Kaninchen kein Jungtier zugesellt werden, das kann gefährlich werden oder sogar tödlich enden.

Gruppe aus Jungtieren. Bei sehr jungen Kaninchen stellt die Anpassungszeit in der Regel kein Problem dar. Aus diesem Grund ist es von Vorteil, die Gruppenzusammenstellung vorzunehmen, solange die Tiere noch jung sind.

Rangordnungskämpfe in der Anpassungszeit

Bei der Zusammenführung sich fremder Kaninchen kann die Anpassungszeit einige Wochen bis Monate dauern und die damit verbundenen Rangordnungskämpfe können bisweilen sehr heftig ausfallen. Solche Auseinandersetzungen sind in dieser Zeit völlig normal. Was wir da sehen, gefällt uns ganz und gar nicht: Statt sich friedlich zu beschnuppern und miteinander zu spielen, liefern sich die Tiere wilde Verfolgungsjagden mit Kämpfen und gelegentlich auch Beissereien. Erschreckt und verängstigt zieht sich ein Kaninchen unter Umständen zurück und meidet weiteren Kontakt zum Angreifer.

Mitleid oder Panik sind fehl am Platz

Bei aller Tierliebe ist jetzt nicht Mitleid gefragt, sondern Vernunft. Es ist verständlich, dass die Kaninchen uns Leid tun und wir am liebsten eingreifen möchten, aber wir erweisen ihnen keinen Dienst, wenn wir sie gleich wieder auseinander reissen. Heftige Kämpfe in der Anpassungszeit sind die Regel und kein Grund zur Besorgnis. Es gilt, Ruhe und einen kühlen Kopf zu bewahren. Ansonsten besteht die Gefahr, dass die eigene Nervosität sich auf die Tiere überträgt und ihnen damit die Festlegung der notwendigen Rangordnung unnötig erschwert wird. Achten Sie vielmehr auf eine gute Einrichtung des Geheges, damit sich das einzelne Tier zur Erholung zurückziehen kann und nicht die ganze Zeit in Sichtweite der anderen verbleiben muss. Frische Äste und Wurzeln zum Benagen tragen ihrerseits dazu bei, die Tiere zu beschäftigen und dadurch Aggressionen zu reduzieren.

Unbewusst erwarten wir vielleicht eine Entschädigung für unseren grossen Einsatz zu Gunsten der Tiere und sind im ersten Moment enttäuscht, dass die Kaninchen dies nicht durch friedliches Zusammenleben würdigen. Dann sehen wir aber allmählich ein, dass es eben auch bei Kaninchen nicht immer friedlich zu und her geht, so wie wir Menschen ja auch nicht in der Lage sind, jederzeit und mit allen in Frieden zu leben.

Von grosser Bedeutung sind zahlreiche Höhlen, Nischen, trockene Orte und erhöhte Ebenen.

Nicht «versuchen», sondern durchhalten

Wenn wir an die Sache herangehen in der Absicht, «es halt mal zu versuchen», planen wir das Scheitern gleich mit ein. Nicht Zögern, sondern nur feste Entschlossenheit verspricht Erfolg. Wir brauchen starke Nerven, um durchzuhalten. Wer einen Versuch startet und ihn nach einigen Tagen ratlos oder verzweifelt abbricht, setzt seine Kaninchen unnötigem Stress aus. Denn ein neuer Anlauf wird nötig sein, wenn man seinem Tier nicht Einzelhaltung zumuten will. Auch eine Trennung über Nacht «zur Erholung» soll unterbleiben. Am andern Tag beginnt alles wieder von vorne und solcher Dauerstress kann tödlich enden. Gemessen an der langen Lebenserwartung der Kaninchen, sind die harten Wochen oder Monate der Anpassung eine kurze Zeit, die in Kauf zu nehmen sich lohnt. Die wichtigste Regel heisst also: Nicht eingreifen, die Tiere nicht trennen, auch nicht vorübergehend! Zu Zwischenfällen kommt es normalerweise nur dann, wenn die Kaninchen massiv verfettet sind oder zu wenig Rückzugsmöglichkeiten haben. Häufig treten Bisse ins Fell oder das Ausreissen ganzer Haarbüschel auf. Die Tiere können Schrammen und Kratzer davontragen, vor allem an den Ohren, weil die Haut dort nackt und empfindlich ist. Das sieht meist schlimmer aus, als es ist, und bedarf selten tierärztlicher Behandlung.

> Das Erfolgsrezept bei der Anpassung von Kaninchen heisst: Geduld haben, die Nerven nicht verlieren und durchhalten; und vor allem die Tiere nicht trennen.

Fressverhalten beobachten

Wichtiger als die Sorge um jede Schramme und jeden Kratzer ist, den Allgemeinzustand und das Fressverhalten der Kaninchen gut zu beobachten. Erscheint wirklich jedes zum Fressen? Verlässt ein Kaninchen das Haus nicht mehr oder traut es sich aus einem anderen Schlupfwinkel nicht mehr hervor, sollten wir ihm die Nahrung direkt vor die Nase legen. Es gibt auch Fälle, in denen es sinnvoll sein kann, ein erstarrtes Kaninchen aufzuheben, aus seiner Isolation herauszuholen und mitten ins Gehege zu setzen. Während der Anpassungszeit ist der Energiebedarf der Tiere gross und sie müssen dringend Nahrung aufnehmen. Deshalb dürfen wir ihnen während dieser Zeit alles reichen, auch Brot, Nagerstängel etc. Wichtig ist nur, dass alle Kaninchen fressen. Tun sie das, können wir davon ausgehen, dass keines zu sehr leidet und sie dem Anpassungsstress gewachsen sind.

> Während der Anpassungszeit brauchen die Kaninchen sehr viel Energiefutter und ihrem Fressverhalten ist besondere Aufmerksamkeit zu schenken.

Nach dem Kampf die grosse Liebe

Meist stehen alle Zeichen auf Sturm, wenn fremde Kaninchen sich kennen lernen und die Rangordnung festlegen. Das heisst nun aber nicht, dass zwei Tiere deshalb nicht zusammenpassen, dass eines nicht der Märchenprinz des andern sein kann. Im Gegenteil. Manchmal gehen sie anfänglich fürchterlich aufeinander los und werden nach zwei Wochen oder manchmal auch erst nach Monaten ein unzertrennliches Liebespaar. Welche Freude ist es dann zu sehen, wie die scheinbaren Erzfeinde sich

9 Das einmalige Sozialverhalten

> Obwohl Kaninchen in Kolonien leben und regen Sozialkontakt pflegen, beansprucht doch jedes Tier ein eigenes Territorium, das es auch verteidigt. In einer Gruppe, der nicht genügend Platz zur Verfügung steht, herrscht deshalb immer Unruhe, weil sich die einzelnen Reviere überschneiden.

Oft erlebt man nach einer Anpassungszeit mit heftigen Kämpfen die grosse Liebe unter den Kaninchen.

lecken und schlecken und sich nicht mehr aus den Augen lassen. Die meisten noch so schlimmen Streithähne werden bereits nach einigen Tagen zu sanften Lämmern. Und dann dürfen Sie stolz auf sich sein, weil Sie die turbulente Zeit der Anpassung durchgestanden haben. Dass gesunde Tiere sich auch später noch dann und wann streiten werden, gelegentlich sogar recht heftig, ist ganz natürlich und soll Sie nicht beunruhigen.

> Selbst in einer gut funktionierenden Kaninchengruppe herrscht nicht immer Ruhe. Auch Verfolgungsjagden gehören zu einem belebten Alltag.

Wann ist eingreifen nötig?

Auch bei optimaler Gruppenzusammensetzung kann es vorkommen, dass ein Tier verstossen wird oder ein anderes sich als unhaltbarer Rambo aufspielt. In solchen Fällen müssen wir aktiv werden, um bleibenden Schaden zu verhindern. Unser Eingreifen ist nötig, wenn ein Kaninchen

- sichtlich leidet
- über Monate ein Schattendasein fristet
- keinen Sozialkontakt mit anderen Kaninchen mehr hat
- immer Bissverletzungen aufweist
- ein bis zwei Tage in der gleichen Ecke verharrt und plötzlich kein Futter mehr aufnimmt.

Ein solches Tier darf nun aber nicht aus Mitleid einzeln gehalten werden. Damit erweist man ihm keinen Gefallen. Es sollte zu zweit mit einem gleich starken oder gleich schwachen, evtl. ganz jungen Kaninchen zusammenleben können.

Voraussetzungen für die erfolgreiche Zusammenstellung einer Kaninchengruppe

- Gut strukturiertes Gehege von mindestens sechs Quadratmetern Grösse (für zwei bis drei Tiere)
- Viele geschützte Unterschlüpfe
- Genügend Nagematerialien zur Beschäftigung
- Alle Tiere *gemeinsam* ins frisch gemistete und gestaltete Gehege geben
- Keine reine Weibchengruppe
- Kaninchenböcke immer kastrieren (auch Brüder)
- Bei Rangordnungskämpfen trotz kleineren Verletzungen *nicht* eingreifen
- Nerven bewahren und den Tieren Zeit lassen
- Allgemeinzustand und Fressverhalten der Kaninchen gut beobachten

Die sanfte Anpassung

Auch ein Kaninchen aus jahrelanger Einzelhaltung kann mit Hilfe der so genannten «sanften Anpassung» noch an einen Partner oder eine Gruppe gewöhnt werden. Diese Form der Eingliederung empfiehlt sich darüber hinaus für Kaninchen, die gesundheitliche Probleme haben, stark verfettet sind oder überängstlich reagieren. Sie kann aber auch dann zum Einsatz kommen, wenn eine Besitzerin oder ein Besitzer nicht so gute Nerven haben.

Eine Kiste, die mit viel Heu eingestreut ist, kann einem scheuen Kaninchen die nötige Geborgenheit geben.

Bei der sanften Anpassung trennt man einen kleinen Teil des Geheges ab und stellt dort einen separaten Unterschlupf auf, zum Beispiel eine seitwärts gekippte, mit viel Heu ausgepolsterte Kiste. Das neue Tier kann sich nun zuerst ein paar Tage bis Wochen in dieser Umgebung einleben. Nach einiger Zeit wird die Abschrankung geöffnet. Auch jetzt gehen die Kaninchen wahrscheinlich noch heftig aufeinander los, aber der Neuling hat einen Zufluchtsort, wo er sich bereits heimisch fühlt. So sind die Strapazen besser zu ertragen. Mit der Zeit soll das Futter in der Mitte des gemeinsamen Lebensraums verabreicht werden, damit die Tiere sich langsam näher kommen.

Wenn zwei Kaninchen getrennt werden

Verschiedene Umstände können dazu führen, dass zwei Kaninchen, die seit langem gute Freunde sind und aneinander hängen, getrennt werden. Ein solches Ereignis ist für sie sehr einschneidend. Ohne den vertrauten Partner ist die Welt nicht mehr dieselbe.

Vorübergehende Trennung

Aus unserer menschlichen Perspektive denken wir vielleicht: Was ist das schon, ein paar Stunden oder ein paar Tage getrennt. Kaninchen aber erleben das ganz anders. Ihr Kurzzeitgedächtnis sorgt dafür, dass selbst treueste Gefährten einander bereits nach kurzer Trennungszeit nicht mehr wieder erkennen. «Aus den Augen, aus dem Sinn», ist man versucht zu sagen. Sich fremd geworden, gehen sie zu unserem Bedauern wieder in alt bekannter Weise aufeinander los. Aber auch hier gibt es keine Regel ohne Ausnahme: Gelegentlich kommt es vor, dass die Erinnerung erstaunlich lange anhält und nach einer Trennung ein freudiges Wiedersehen stattfindet.

Da dies jedoch nicht der Normalfall ist, sollten wir unsere Tiere nach Möglichkeit nicht trennen, auch nicht für einige Stunden. Und auch nicht bei einer Verletzung oder Krankheit. Die Ansteckungsgefahr ist ohnehin *vor* Krankheitsausbruch am grössten. Ein Kaninchen, das sich unwohl fühlt oder Schmerzen hat, braucht seine Artgenossen umso mehr. Ist es plötzlich allein, lässt sein Lebenswille unter Umständen rasch nach.

> **Kaninchen sollten nach Möglichkeit nicht getrennt werden, auch nicht vorübergehend.**

Tod eines Kaninchens

Wenn ein Kaninchen stirbt, braucht das verwaiste Tier dringend einen neuen Partner, und zwar sehr schnell. Es trauert nur, weil es plötzlich alleine ist. Eine Trauerzeit, wie wir Menschen sie kennen, gibt es für Kaninchen nicht. Zu einem ausgewachsenen Tier gehört wieder ein erwachsener Partner. Ein Jungtier wäre allzu verspielt und dem älteren kräftemässig deutlich unterlegen, was sogar gefährlich werden kann.

Mensch und Kaninchen

Auch ein Kaninchen, das mit Artgenossen zusammenleben darf, nähert sich seinem Menschen vertrauensvoll, wenn dieser ihm mit Geduld und Feingefühl begegnet. Eine schöne Beziehung kann wachsen. Es ist wichtig, stets langsam an die Tiere heranzutreten. Schnelle Bewegungen lösen reflexartig eine Fluchtreaktion aus. Gehen wir oft in Kauerstellung, um die Kaninchen von Hand zu füttern und ruhig mit ihnen zu sprechen, gewöhnen sie sich an unseren Geruch und den Klang unserer Stimme. Auf diese Weise handzahm gemachte Tiere geniessen es, sanft berührt und gestreichelt zu werden. Mit Freude und Neugier reagieren sie fortan auf unser Kommen.

10 Fortpflanzung und Geburtenkontrolle

Die Hälfte aller Tiere sind männlichen Geschlechts, auch bei unseren gezüchteten Kaninchen. In freier Wildbahn leben mehrere Böcke mit ihren Weibchen und den Jungtieren zusammen in Familienverbänden und die Fruchtbarkeitsrate ist enorm hoch. Aber Kaninchen haben viele natürliche Feinde. So werden ihre Bestände laufend dezimiert. In der Wildnis steht ihnen zudem ein grosser Lebensraum zur Verfügung, wo sie einander ausweichen können. Ganz anders sind jedoch die Bedingungen für unsere domestizierten Tiere: Sie leben auf engem Raum und ohne Feinde. Wir müssen daher ihre natürliche Vermehrung auf andere Weise, das heisst durch Kastration, begrenzen.

> **Im Zeitalter des Tierschutzes und der Kastration darf Einzelhaltung niemals eine Massnahme zur Geburtenregelung sein.**

Kastration

Unter Kastration versteht man die operative Entfernung der Keimdrüsen, das heisst beim männlichen Tier die Hoden, beim weiblichen die Eierstöcke. In der Regel werden nur die Männchen kastriert. Diese Operation gehört zur Routinearbeit in einer Tierarztpraxis und wird unter Vollnarkose vorgenommen, wodurch sie für das Tier schmerzlos ist. Kastrierte Kaninchenböcke sind meist sehr friedliche und ausgeglichene Tiere. Wenn sie keine ausgeprägte Dominanz zeigen, können auch mehrere kastrierte Böcke friedlich zusammenleben.

■ «Ich will meine Tiere natürlich halten und nicht mit einer Kastration in die Natur eingreifen, das bringe ich nicht übers Herz.»

Eine Tierart zu züchten und in Gefangenschaft zu nehmen, ist ein grosser Eingriff in die Natur und zwingt uns zu weiteren Massnahmen, besonders im Hinblick auf die Geburtenkontrolle. Die Trennung weiblicher und männlicher Tiere ist die schlechteste Lösung des Vermehrungsproblems. Sie hätte zur Folge, dass die Männchen einzeln gehalten würden, da

Kastrierte männliche Kaninchen sind meist sehr friedliche Tiere und oft auch viel anpassungsfähiger als Weibchen.

unkastrierte Böcke sich untereinander bekämpfen. Wollen wir die natürliche Familienstruktur von der Natur übernehmen, gibt es nur eine Lösung: die Kastration. Sie ist eine unverzichtbare Voraussetzung für die tiergerechte Haltung von Kaninchen. Heute, im Zeitalter des Tierschutzes, ist Kastration *das* Mittel der Wahl, um die Gruppenhaltung von Kaninchen zu ermöglichen.

> Kaninchen können in Gefangenschaft nur dann tiergerecht gehalten werden, wenn durch Kastration ihre unkontrollierte Vermehrung verhindert und der Aggression unter Männchen entgegengewirkt wird.

Die Kastration männlicher Kaninchen

Wie wirkt sich die Kastration von Kaninchenböcken aus?

- Sie erlaubt uns, männliche und weibliche Tiere zusammen zu halten, ohne dass sie Nachwuchs zeugen.
- Der Kampf um die weiblichen Tiere fällt weg und die Gruppe wird ruhiger.
- Die Kastration ermöglicht es, rein männliche Gruppen zusammenzustellen, denn kastrierte Böcke sind meist sehr friedliche Tiere; sie sind friedfertiger, ausgeglichener und oft auch zutraulicher als Weibchen.
- Mit einem oder mehreren Böckchen in einer Sippe ist das Verhalten der Kaninchen lebhafter und vielseitiger, ein Gewinn für Mensch und Tier.
- Die Gehässigkeiten, die nicht selten unter Weibchen vorkommen, werden neutralisiert. Das Männchen schlichtet und ist der ruhende Pol in der Gruppe.

Früher wurden der Einfachheit halber nur weibliche Kaninchen gemeinsam platziert bzw. verkauft oder ein Böcklein zusammen mit einem Meerschweinchen. Heute machen sich verantwortungsvolle Tierbesitzer vermehrt auch Gedanken darüber, was mit den überzähligen Männchen passiert und ob genannte Kombinationen wirklich tiergerecht sind. Lange hat man nicht darüber gesprochen und unzählige Tiere wurden wohl einfach «entsorgt».

Beim Platzieren von Kaninchenböcken machen wir seit Jahren die Erfahrung, dass es durchaus möglich ist, mehrere kastrierte Männchen in einem friedlichen, sozialen Miteinander zu halten, immer vorausgesetzt, dass die Grundbedingungen der artgerechten Haltung erfüllt sind. Ganz anders aber, wenn sich mehrere nicht kastrierte geschlechtsreife Böcke in einem Lebensraum befinden: Aggressionen mit schweren Verletzungen sind hier vorprogrammiert.

Kastration eines bereits geschlechtsreifen Böckleins

Es ist wichtig, zu unterscheiden zwischen der Kastration eines Tieres, das die Geschlechtsreife bereits erreicht hat, und der so genannten «Frühkastration» noch nicht geschlechtsreifer Männchen.

Im Alter von ca. zehn bis elf Wochen wird ein Kaninchen zeugungsfähig, kleinere Rassen zum Teil etwas früher, grössere manchmal später. Das ganze Fortpflanzungssystem ist zu diesem Zeitpunkt funktionstüchtig. Nach der Operation, bei der beide Hoden entfernt werden, bleibt das Tier noch ein bis zwei Wochen zeugungsfähig, weil sich noch immer Spermien in der Samenblase befinden. In Ausnahmefällen kann diese Zeitspanne sogar noch grösser sein. Mit der hormonellen Umstellung nimmt die starke Geschlechtsausdünstung langsam ab und meist reduziert sich auch das häufige Markieren. Auch ältere Kaninchen können durchaus noch kastriert werden. Es gibt heute Anästhesieverfahren, welche die Gefahr eines Narkosezwischenfalls auch bei fortgeschrittenem Alter des Tieres auf ein Minimum reduzieren.

> Es ist von Vorteil, sich frühzeitig mit der Geburtenregelung zu befassen; ein frühreifes Böcklein kann im Alter von acht Wochen bereits geschlechtsreif sein.

Frühkastration

Die Frühkastration erfolgt *vor* Eintritt der Geschlechtsreife bei Erreichen eines Körpergewichts von 600 bis 900 Gramm, das heisst im Alter von ca. acht bis zehn Wochen. Das Fortpflanzungssystem ist zu diesem Zeitpunkt noch nicht aktiv, denn die Hoden sind meistens noch nicht in den Hodensack abgestiegen, was an die operierende Fachperson gewisse Anforderungen stellt.

Besonderheiten der Frühkastration:

- Frühkastrierte Kaninchen werden gar nicht zeugungsfähig und müssen deshalb nie von ihrer Familie getrennt werden, auch nicht vorübergehend.

- Sie erholen sich viel schneller von der Narkose.
- Der starke Geschlechtsgeruch tritt erst gar nicht auf.
- Beim Platzieren können harmonische Kleingruppen zusammengestellt werden, wie etwa ein Pärchen oder ein männliches und zwei weibliche Tiere.
- Langzeituntersuchungen haben ergeben, dass mit keinerlei negativen Folgen zu rechnen ist, auch nicht bezüglich des Wachstums der Tiere.

> Mittels der Frühkastration von Kaninchenböcken können viele Probleme gelöst werden.

Frühkastration bedeutet: keine Trennung mehr von der Familie.

Die Kastration weiblicher Kaninchen

Noch nicht weit verbreitet ist das Wissen, dass auch Kaninchen*weibchen* kastriert werden können. Sie reagieren nämlich sehr unterschiedlich auf ihre Hitzetage. Ein kleiner Teil verhält sich ganz ausgeglichen, andere hingegen werden von ihren Hormonen geplagt und sind dann meist zickig und gehässig, wenn sie ihre Tage haben. Diese Hitzetage wiederholen sich alle zwei Wochen, wenn die Weibchen nicht gedeckt werden. Manchmal besteigen sie ganz aufsässig ihre Artgenossen oder werden immer und immer wieder scheinträchtig. Dann nisten sie, rupfen sich Haare aus oder sammeln alle möglichen Materialien, um damit ihr Nest auszupolstern. Wird dieses Verhalten zu einem Ärgernis oder sorgt es für anhaltende Unruhe in der Sippe, sollte die Kastration des Weibchens ins Auge gefasst werden. Die Operation ist zwar aufwändiger als beim Böckchen, aber ein erfahrener Kleintierarzt oder eine geübte Kleintierärztin werden den Eingriff problemlos durchführen können. Die Empfehlung, auch Zibben zu kastrieren, richtet sich vor allem an jene, die ihre Tiere im Haus halten, wo auf Grund eingeschränkter Beschäftigungs- und Ausweichmöglichkeiten beschriebenes Verhalten eher zu Problemen führt.

Kaninchen-Nachwuchs

«Wir haben alles so gut geplant und viele Bekannte haben uns die Abnahme der Jungtiere zugesichert. Und nun machen sie alle einen Rückzieher.»

Der Wunsch, einmal Jungtiere zu erleben, ist verständlich. Seine Verwirklichung bringt aber oft an Stelle der erhofften Freude unüberwindbare Probleme mit sich. Aus tierschützerischen Gründen und mit Blick auf die Tatsache, dass immer wieder sehr viele Tiere, auch junge, keinen Platz finden, raten wir dringend davon ab, Kaninchen zu züchten oder auch nur eine einzige Trächtigkeit zuzulassen. Immer grösser wird die Zahl der Tiere, die in Tierheimen abgegeben werden und dort oft lange auf einen guten Platz warten müssen.
Die folgenden Informationen richten sich an Besitzer, die noch mit Nachwuchs rechnen müssen.

Trächtigkeit. Wurde ein Weibchen gedeckt, sieht man ihm die Trächtigkeit in der Regel bis zum Schluss nicht an. Eine Zunahme des Bauchumfangs ist nur selten feststellbar. Die Trächtigkeit dauert ca. 30 Tage. Ein Laie sieht, wenn überhaupt, erst in den letzten ein bis zwei Tagen, wenn die Zibbe nistet, dass eine Geburt bevorsteht.

Nest. In einem Aussengehege gräbt die Mutter vor der Geburt ein Loch, das sie dann gut zuschüttet, bis die Jungen nach zwei bis drei Wochen das Nest verlassen dürfen. Nun lässt sie es längere Zeit offen und die Jungschar wagt sich zuerst nachts, dann auch tagsüber bis zum Ausgang. Aber weg sind alle, sobald jemand in die Nähe kommt. In einem Stall sucht sich die Kaninchenmutter als Höhlenersatz einen dunklen Ort, wo sie ihre Jungen werfen und danach abschirmen kann. Deshalb sollte man ihr bei vermuteter Trächtigkeit eine Wurfbox einrichten oder ein kleines Haus bereitstellen.

Geburt. Wir empfehlen, vor der Geburt keine Veränderungen im Lebensraum oder bei der Gruppenzusammensetzung vorzunehmen und den *kastrierten* Bock (vgl. S. 135, erneute Befruchtung) unbedingt bei der Zibbe zu lassen. Werden die Kaninchen artgerecht gehalten, müssen wir nicht befürchten, dass der Kaninchenvater die Jungen tötet. Diese Gefahr besteht nur bei Käfighaltung, wenn die Mutter kein richtiges Nest bauen kann und die Tiere zu wenig Platz haben. Die Geburt geht meist reibungslos und von uns unbemerkt vonstatten. Oftmals sind das Zudecken des Nestes und das Verschliessen des Höhleneingangs durch das Muttertier die einzigen Anhaltspunkte für eine erfolgte Geburt. Die Zahl der Jungen variiert von drei bis zwölf und erhöht sich bei jedem Wurf.

Neugeborene. Kaninchen sind Nesthocker, welche nackt und blind zur Welt kommen. Die Mutter säugt sie alle 24 Stunden für einige Minuten, und zwar immer dann, wenn wir nicht zuschauen. Die Tiere sollten deshalb im Dunkeln sein können und viel Ruhe haben. Mit zehn Tagen beginnen die Jungen, ihre Augen zu öffnen, und werden immer aktiver.

Prägung. Sind die Jungen in einem Stall geboren, kann jetzt mit dem so genannten «Handling» begonnen werden: Man ergreift die Tierchen ganz sanft, ohne sie aus dem Nest zu nehmen, und gewöhnt sie auf diese

Die Jungen werden einmal im Tag einige Minuten gesäugt. In der übrigen Zeit sollten sie im Dunkeln ruhen können, ohne gestört zu werden.

Weise an die menschliche Hand. Nur eine erwachsene Person sollte dies tun, weil die Kleinen einem blitzartig aus der Hand springen können («Kinderjucken»), was Gefahren birgt. Hier mag man vielleicht einwenden, dass der Natur doch freier Lauf zu lassen sei und die Tiere sich frei entwickeln sollten. Dem stellen wir das Argument entgegen, dass zutrauliche Tiere viel mehr Freude bereiten und leichter zu pflegen sind.

Jungtiere. Kaninchen, die ganz natürlich in einem Loch geboren wurden, kommen frühestens nach zwei Wochen und vorerst nur nachts heraus. Sie handzahm zu machen, wird nun etwas schwieriger und erfordert viel Zeit, Ruhe und ein gutes Einfühlungsvermögen. Das Vatertier kümmert sich von jetzt an auch sehr liebevoll um die Jungen.
Natürlich werden sie mit vier Wochen bereits selber Nahrung zu sich nehmen, aber sie brauchen die Elterntiere immer noch. Es ist für die physische wie psychische Entwicklung unbedingt nötig, die Jungen bis zum Alter von mindestens zehn Wochen in ihrer Familie zu belassen.

Geschlechtsbestimmung. Personen mit Erfahrung können bereits nach der Geburt das Geschlecht der Jungtiere bestimmen. Für Ungeübte ist es schwierig und sogar Fachleute irren sich bisweilen, was ungute Folgen haben kann. Darum ist es von Vorteil, wenn die Geschlechtsbestimmung von *zwei* Kundigen vorgenommen wird.

Erneute Befruchtung. Wurde die Kastration des Vatertiers nicht oder erst weniger als zehn Tage vor der Geburt der Jungtiere vorgenommen, kann bereits am Tag der Geburt erneut eine Befruchtung stattfinden. Es bedeutet jedoch eine enorme Doppelbelastung für die Kaninchenmutter, zu säugen und bereits wieder trächtig zu sein. Nach 28 Tagen muss sie

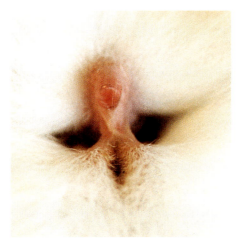

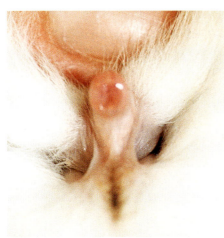

Oben links:
Männliches Geschlecht

Oben rechts:
Weibliches Geschlecht

Links:
Eine geübte Person kann durch leichten Druck in der Bauchgegend den Penis hervorstülpen.

den ersten Wurf aus dem Nest schicken, um sich der Kleinsten annehmen zu können, was zu Entzugsproblemen bei den Jungen des ersten Wurfes führt. Auch sie möchten noch Muttermilch und brauchen noch Nestwärme. In einem solchen Fall sterben die Jungen oft nach drei bis vier Wochen, weil gestresste und überforderte Kaninchen häufiger an Darmparasiten (Kokzidien) erkranken, und lassen ein ausgemergeltes Muttertier zurück.

> Achtung: Am Tag der Geburt kann eine Kaninchenmutter bereits wieder gedeckt werden. Das Vatertier ist also mindestens zehn Tage vorher zu kastrieren, denn es möchte und soll beim wichtigen Ereignis auch dabei sein.

Vermehrungsrate. «Sich vermehren wie Kaninchen», dieser Ausdruck hat seine Richtigkeit: Weil Kaninchen in freier Wildbahn wehrlos sind, hat die Natur die grossen Verluste mit einer hohen Vermehrungsrate kompensiert. Für uns Heimtierhalter kann das bei einer durchschnittlichen Wurfgrösse von sechs Tieren bedeuten, dass sich, zwei Monate nachdem wir zwei herzige Jungkaninchen gekauft haben, vierzehn Tiere in unserem Gehege tummeln. Der Platz genügt nun nicht mehr und wir müssen einige weggeben. Viel Zeit haben wir dafür nicht, denn die Geschlechtsreife der Tiere des ersten Wurfes steht bereits vor der Tür. In Anbetracht all dieser Schwierigkeiten empfehlen wir, sich für das Wohl der Kaninchen zu entscheiden und ihre Vermehrung zu verhindern.

> Verantwortungsvoll und im Interesse der Tiere zu handeln, kann heissen, auf Jungtiere zu verzichten. Auch Kinder sind in der Lage, diese Zusammenhänge zu verstehen.

Geschlechtsreife

Geschlechtsreife bedeutet die Fähigkeit, sich fortpflanzen zu können. Sie tritt vor dem Erwachsenenalter ein. Gemäss unseren Beobachtungen ist der Zeitpunkt der Geschlechtsreife abhängig von Rasse und Gewicht eines Kaninchens, wobei das Geburtsgewicht bzw. die Wurfgrösse eine Rolle spielen. Bei kleineren Rassen tritt die Geschlechtsreife früher ein, meistens im Alter zwischen zehn und zwölf Wochen, bei grösseren Rassen manchmal etwas später, aber sicher lange vor Erreichen des Erwachsenenalters. Dies ist wichtig zu wissen, denn schon bald können junge Böcke ihre Schwestern und Mütter befruchten. Das führt zu Inzucht und den daraus resultierenden Komplikationen.

Zuchtreife

Ein weibliches Kaninchen ist erst dann zuchtreif, wenn die körperliche Entwicklung es ihm erlaubt, eine Trächtigkeit und Geburt problemlos zu verkraften. Die Zuchtreife wird bei Zibben im Alter von sechs bis acht Monaten erreicht, wenn die Tiere fast ausgewachsen sind. Weibchen sollten nie vor der Zuchtreife gedeckt werden, weil sie vorher, in der Phase der Geschlechtsreife, selber noch Jungtiere sind. Hält man also zwei junge Kaninchen zum Zwecke späteren Nachwuchses, müssen die beiden im schönsten Spielalter getrennt werden, um eine Risikogeburt zu vermeiden. Das jedoch ist sicher nicht tiergerecht. Eine Zibbe sollte also nicht zu früh, aber auch nicht zu spät gedeckt werden. Ist sie älter als zwei Jahre, können Schwierigkeiten bei der Geburt oder sogar eine Totgeburt oder andere Komplikationen auftreten.

> Die anfängliche Begeisterung einmal Junge zu haben wandelt sich sehr oft durch unvorhergesehene, unüberwindliche Schwierigkeiten in einen Alptraum. Diesen Umstand sollte man wirklich sehr gründlich bedenken, ehe man sich dazu entschliesst.

11 Ernährung und Verdauung

Richtige und ausgewogene Ernährung bildet die Basis für ein gesundes Kaninchenleben. Die moderne Fütterung mit Vitamindrops und Nagerstängeln, die sich in den letzten Jahren eingebürgert hat, ist jedoch eine reine Wohlstandsernährung und sehr bequem für die Tierhalter. Man kauft monatlich einmal einen Sack Fertigfutter und kippt jeden Tag eine Tasse voll in den Napf, ganz nach dem Fastfood-Prinzip. Unsere Kaninchen haben aber Besseres verdient: nämlich eine abwechslungsreiche, tiergerechte Ernährung. Deshalb sollten wir auch hinsichtlich der Fütterung einen Blick auf die Wildkaninchen werfen.

Pflanzenfresser

Wild lebende Kaninchen ernähren sich von Wurzeln, Rinden, Kräutern, Zweigen und frischen Pflanzen. Den weitaus grössten Teil des Tages verbringen sie mit der Nahrungssuche und sind fast andauernd am Fressen. Mit den Pflanzen nehmen sie sehr viel Rohfaser zu sich. Daraus lässt sich ableiten, wie wichtig für unsere domestizierten Kaninchen das Heu ist.

> **Pflanzenfresser müssen die Möglichkeit haben, rund um die Uhr zu fressen. Täglich viel frisch verabreichtes Heu ist nötig, um die Verdauung anzukurbeln.**

Wie alle Pflanzenfresser können Kaninchen ihre Nahrung nur mit Hilfe spezieller Bakterien verdauen, welche die Zellulose aufspalten. Jede Futterkomponente braucht ihre spezifischen Bakterien, die miteinander ein kompliziertes und labiles Gleichgewicht bilden. Die Darmflora ist immer aktiv, auch dann, wenn die Tiere falsch ernährt werden, grossen Hunger haben oder der Darm untätig ist. Schnell kommt es in einem solchen Fall zu Verdauungsstörungen, weil bestimmte Bakterien sich dann drastisch vermehren (Dysbakterie) und auf Grund von Gasbildung schmerzhafte, gefährliche Blähungen auftreten (Trommelsucht).

Die Verdauung der Kaninchen

Wiederkäuer wie Kühe, Schafe und Ziegen haben im Gegensatz zu Kaninchen ein hoch entwickeltes Vormagensystem, das ihnen ermöglicht, ihre Verdauung in Gang zu halten, ohne fressen zu müssen (Vormagenverdauung). Nach einem Weidegang legen sich die Tiere hin, würgen das Futter Bissen für Bissen hervor und käuen es wieder. Während dieses Vorganges können sie sich auch durch Rülpsen der Gärgase entledigen. Die Vormägen haben im Verhältnis zum Körper riesige Ausmasse und sind stark bemuskelt, weil sie das Futter, das von den Vormagenbakterien aufgeschlüsselt wird, durchkneten und in den Darm weitertransportieren.

Dickdarmverdauung

Ebenso wie bei Pferden und Meerschweinchen dient auch bei Kaninchen der Magen nur als Aufnahmebehälter und ist relativ klein. Der Mageninhalt wird nicht aktiv von der schwach bemuskelten Magenwand, sondern mechanisch von den neu gefressenen Futtermengen weitergeschoben. Damit die Verdauung nicht zum Stillstand kommt, muss demnach immer wieder gefressen werden. Die bakterielle Aufspaltung der Zellulose findet im Dickdarm statt, der überdimensional entwickelt ist.

Infolge ihres schwach bemuskelten Magens, auch Stopfmagen genannt, sind die Kaninchen nicht in der Lage, Gärgase mit Rülpsen auszustossen. Dies erklärt auch ihre Anfälligkeit für Blähungen (Trommelsucht). Der Magen hat ein sehr geringes Fassungsvermögen von ca. 40 ml und muss immer gefüllt sein. Bedingt durch das kleine Magenvolumen können Kaninchen nur wenig auf einmal zu sich nehmen. Dafür sind sie umso häufiger mit Fressen beschäftigt. Tiere in freier Wildbahn suchen bis zu 80 Mal am Tag ihre Futterplätze auf. Bei Aufnahme einer zu grossen Futtermenge, zum Beispiel nach einer Hungerphase, oder bei blähendem Futter kann es zu einer Magenüberladung kommen bzw. wegen der dünnen Magenwand sogar zu einem Riss derselben.

> Die Verdauung eines Pflanzenfressers muss immer im Gang sein. Fasttage, wie sie etwa bei Fleischfressern ungefährlich sind, dürfen nicht eingelegt werden.

Blinddarmkot

Eine Eigenart der Kaninchen ist das Fressen des Blinddarmkotes (Koprophagie), der sehr Vitamin-B-reich ist. So können die im Futter enthaltenen Nährstoffe ein zweites Mal verwertet und damit besser ausgenutzt werden. Der Blinddarmkot wird hauptsächlich nachts ausgeschieden und sofort wieder aufgenommen. Falls mehr ausgestossen als wieder gefressen wird, liegt er in Form von hellen, traubenförmigen Gebilden im Gehege und ist nicht zu verwechseln mit Durchfall.

Den ganzen Tag über fressen

Da Kaninchen Dauerfresser sind, die sich von Pflanzen ernähren und bei unsachgemässer Fütterung schnell mit Magen-Darm-Störungen reagieren, müssen wir sie so mit Nahrung versorgen, dass sie den ganzen Tag über Gelegenheit zum Fressen haben. Das heisst nun aber nicht, dass man am Morgen alles Futter, nämlich Heu, Grünzeug und Körner, auf einmal verabreichen darf. Vielmehr sollten wir unsere Kaninchen drei Mal täglich füttern und dabei eine bestimmte Reihenfolge einhalten. Wir stellen auch nicht Suppe, Hauptgang und Dessert gleichzeitig auf den Tisch. Dann verhält sich das Tier nämlich gleich wie ein Kind: Es beginnt mit der Nachspeise, versucht noch etwas vom Hauptgang und hat für die Suppe schliesslich keinen Platz mehr.

Die Auswahl der Futtermittel ist von grosser Bedeutung. Da Kaninchen ständig fressen, sind sie darauf angewiesen, ausgewogene Nahrung zu sich zu nehmen, um nicht zu verfetten. Die *Grundnahrungsmittel Heu und Wasser* sind am Morgen als Erstes zu verabreichen. Für die Tiere lebensnotwendig, können sie durch nichts ersetzt werden.

> Kaninchen müssen mindestens drei Mal täglich gefüttert werden.

Die tägliche Heufütterung ist das Geheimnis einer gesunden Ernährung.

Heu ist das Allerwichtigste

■ «Meine Kaninchen verfügen immer über genügend Heu in der Raufe, ich fülle es mindestens jeden zweiten Tag nach.»

Auch wenn unsere Kaninchen am Morgen noch Heu in der Raufe haben, muss immer zu Tagesbeginn als Erstes viel frisches Heu verabreicht werden, und zwar nicht nur in der Raufe, sondern haufenweise an verschiedenen Stellen sowie als Einstreu. Denn das Heu von gestern ist bereits muffig geworden und animiert nicht mehr zum Fressen. Dies ist ein sehr wichtiger, wenn nicht sogar der wichtigste Punkt für eine gesunde und problemlose Verdauung.

Heu ist rohfaserreich und relativ zäh. Die Tiere fressen langsam und kauen ausgiebig, so dass viel Speichel gebildet wird. Dieser Speichelfluss optimiert das Milieu für die Darmbakterien und kurbelt die Verdauung an. Daher sollten wir unseren Kaninchen morgens reichlich Heu anbieten, wie dies in der Landwirtschaft bei der Fütterung von Pflanzenfressern seit Jahrhunderten üblich ist.

> Die richtige Reihenfolge bei der Fütterung ist von grosser Bedeutung. Der Kaninchen-Tag muss mit viel frischem Heu beginnen.

Ein eigentliches Ritual entsteht daraus: Die Tiere kommen zur Futterstelle, auch wenn sie nicht besonders hungrig sind, was eine gute Gelegenheit bietet, mit ihnen zu sprechen. Veränderungen im Verhalten können beim Füttern am besten erkannt werden.

Heu ist nicht gleich Heu

Besondere Beachtung sollten wir der *Qualität* des Heus schenken. Gutes Heu ist grün und nicht gelb oder braun, schmeckt würzig und ist gut belüftet, trocken und locker eingefüllt. Es darf nicht staubig, schimmlig oder muffig sein, denn das kann zu schweren Verdauungsstörungen führen. Am Heu darf nicht gespart werden. Ist genügend geeigneter Lagerplatz vorhanden, bezieht man es mit Vorteil in grossen Mengen direkt beim Bauern. Dieser produziert im eigenen Interesse Futter von bester Qualität.

Wasser

■ «*Unsere Tiere haben das Wasser nur verschmutzt und umgeworfen, aber getrunken haben sie nie. Deshalb stellen wir keines mehr hin.*»

Kaninchen brauchen viel Wasser (auch im Winter), im Durchschnitt ein bis zwei Deziliter täglich. Das ist erstaunlich viel und ergibt für drei Tiere ca. einen halben Liter Wasser. Auch wenn vielleicht der Flüssigkeitsbedarf durch das Grünfutter teilweise gedeckt wird, muss immer frisches Wasser vorhanden sein. Es darf nicht geschehen, dass bei Durst keine Möglichkeit zum Trinken vorhanden ist. Flüssigkeitsmangel kann bei Tier und Mensch zu Nierenproblemen führen.

Tongefäss

Das Wasser verabreicht man am besten in einem schweren Tongefäss. Um rascher Verschmutzung vorzubeugen, empfehlen wir, das Trinkgefäss etwas erhöht zu platzieren, zum Beispiel auf einem Backstein. So treten die Tiere nicht ins Gefäss und rennen es nicht um.

> Wasser ist den Kaninchen stets reichlich, frisch und in einem offenen Gefäss anzubieten.

Wasserflasche

Die leider noch weit verbreiteten Wasserflaschen sollten für Kaninchen nie zum Einsatz kommen. Wenn die Flasche das Wasser nur tropfenweise hergibt, können die Tiere ihren Durst nur mit Mühe stillen. Müssen sie sich beim Trinken nach der Flasche strecken, behindert die unnatürliche Kopfstellung das Schlucken. Auch in Bezug auf die Wasseraufnahme sollten wir uns wieder vermehrt an der Natur orientieren.
Trinkflaschen sind schwierig sauber zu halten. Die Versuchung ist gross, ohne Reinigung nur einfach schnell Wasser nachzufüllen. Zudem ist es ein fast aussichtsloses Unterfangen, ein solches Röhrchen mit Trinknibbel gründlich zu putzen. Sehr schnell bilden sich an warmen Tagen in der Trinkflasche Algen, die auf den ersten Blick nicht zu erkennen sind, aber die Flaschenwand mit einer schleimigen Schicht überziehen. Die Empfehlung, solche Trinkflaschen zu verwenden, stammt noch aus der Zeit der engen Käfige und ist in den Köpfen vieler Tierhalterinnen und Tierhalter fest verankert. Jedes Kaninchen wird sich jedoch schnell umstellen können und leicht lernen, aus einem offenen Gefäss zu trinken. Bisweilen gewinnen wir sogar den Eindruck, dass die Tiere ihren chronischen Flüssigkeitsmangel aufholen müssen.

Fütterungsplan

Nach Möglichkeit wird drei Mal gefüttert. Der Tag beginnt wie erwähnt mit Wasser und viel frischem, qualitativ gutem Heu, das an allen trockenen Plätzen reichlich angeboten wird, damit den ganzen Tag und die ganze Nacht hindurch noch viele saubere Hälmchen zu finden sind. Mittags, also *einige Stunden nach der Heufütterung*, reichen wir das Grünfutter, weil dann seine Verwertung optimal ist. Den Abschluss bildet am Abend das Körnerfutter. Diese Reihenfolge hat sich bewährt. So verabreicht, sind alle erwähnten Futtermittel für die Tiere sehr bekömmlich und verursachen keine Verdauungsprobleme.

Tägliche Fütterung

- Morgens frisches Heu und Wasser
- Mittags Grünfutter
- Abends Körner

Verabreicht man den Tieren mit dem Heu zusammen oder noch davor ihre Lieblingsspeise, das Grünfutter, werden sie sich natürlich darauf stürzen und kein Heu mehr fressen, was zu akuter Trommelsucht führen kann. Zudem bewirkt dies auch Magen- und Darmerkrankungen, die sich über Monate und Jahre hinweg langsam entwickeln können.

Häufige Ernährungsfehler

- Heu nicht täglich frisch verabreicht
- Zu wenig Heu, zum Beispiel nur in der Heuraufe
- Heu und Grünzeug gleichzeitig
- Am Morgen zuerst Grünzeug (besonders gefährlich)

Grünfütterung

Im Gegensatz zu vielen Empfehlungen in diversen Ratgebern ist Grünzeug für die Ernährung von Kaninchen sehr geeignet und versorgt die Tiere mit den nötigen Vitaminen. Erfolgreiche und bekömmliche Grünfütterung ist eine Sache der Gewöhnung, des Masses und der Fütterungsreihenfolge und wird am besten Mittags, einige Stunden nach der Heufütterung, vorgenommen. Zu diesem Zeitpunkt ist die Verdauung bereits angekurbelt und es können keine Blähungen entstehen. Lässt sich der Tagesplan einmal nicht einhalten, darf man die Zeitabstände zwischen den Fütterungen verkürzen. Es ist jedoch wichtig, das Grünzeug erst zwei bis drei Stunden nach dem Heu zu verabreichen. Küchenabfälle eignen sich nicht für Kaninchen. Futterresten sind anlässlich der nächsten Grünfütterung zu entfernen.

> Kaninchen lieben Grünfutter. Es darf aber erst einige Stunden nach dem täglich frisch verabreichten Heu angeboten werden, um Blähungen vorzubeugen.

Einige Stunden nach der Verabreichung von frischem Heu stellt Grünfutter eine gesunde und beliebte Ergänzung dar.

Tägliche Ration

Für *ein* Kaninchen empfehlen wir pro Tag

- eine Karotte oder eine halbe Fenchelknolle
- etwas Apfel
- im Sommer Löwenzahn, Gras und Wiesenkräuter
- im Winter Lattich, Grünkohl, Wirz oder sonstige Salate.

Apfel reguliert die Verdauung und beugt Darmproblemen vor. Auch Grünkohl bläht nicht, wenn er zum richtigen Zeitpunkt verabreicht wird. Im Gegenteil: Er ist sogar eine gute Medizin, die bereits vor hundert Jahren erfolgreich eingesetzt wurde. Auf Grund seines hohen Vitamin-C-Gehalts beugt Grünkohl Krankheiten vor. Zudem können den Kaninchen verschiedene Gemüsearten und Früchte angeboten werden: zum Beispiel Birne, Broccoli, Futterrüben, Sellerie, Spinat, Chicorée, Endivien, diverse Kräuter wie Salbei etc.

Futterumstellung

Bei der Einführung einer neuen Futterkomponente gilt: keine abrupte Umstellung und besonders viel Heu am Morgen. Ein neues Nahrungsmittel muss immer langsam und in kleinen Mengen eingeführt werden, damit die Darmflora sich anpassen kann. Das gilt vor allem im Frühling bei frischen Gräsern, die sehr saftig und eiweissreich sind und leicht zu Blähungen führen können. In der praktischen Umsetzung heisst das: mit kleinen Rationen anfangen und dann über einige Tage allmählich steigern.

Giftige Pflanzen

Abwechslungsreich gefütterte Tiere, welche immer Nagematerial zur Verfügung haben, stürzen sich nicht auf Giftpflanzen wie Thuja und Eibe. Auch Wiesengräser muss man nicht erlesen, aber sie sollten nicht frisch gedüngt oder direkt am Strassenrand eingesammelt werden. Giftige

Pflanzen wird selbstverständlich niemand seinen Tieren mit Absicht vorlegen.

Tägliche Kontrolle

Wir empfehlen, die tägliche Kontrolle bei der Grünfütterung oder der Körnerfütterung durchzuführen. Sie sollte immer von der gleichen erwachsenen Person vorgenommen werden, die etwas von der Sache versteht. Wir achten darauf, ob sich alle Tiere am Futternapf versammeln und wie sie fressen. Wenn eines nicht erscheint, schauen wir gleich und einige Stunden später noch einmal nach. Nimmt ein Kaninchen wirklich

Die tägliche Kontrolle muss unbedingt von einer kundigen erwachsenen Person vorgenommen werden.

keine Nahrung auf, sollte es noch gleichentags zur tierärztlichen Kontrolle gebracht werden. Weitere Anhaltspunkte für die Beobachtung der Tiere finden sich im folgenden Kapitel, Gesundheit ist nicht Zufall.

> **Appetitmangel ist immer ein ernst zu nehmendes Alarmsignal. Im Gegensatz zu Hunden und Katzen dürfen Kaninchen keinen Fasttag einlegen, denn ihr Darm darf niemals ruhen.**

Körnerfutter

Das Körnerfutter ist ein eigentliches Energie- oder Kraftfutter, das sehr differenziert verabreicht werden muss, da Kaninchen gerne verfetten. Allgemein gültige Mengenangaben können wir nicht anführen, denn zu viele Faktoren wie Typ, Grösse, Bewegung, Alter und Allgemeinzustand eines Tieres beeinflussen seine Nahrungsverwertung. Qualitativ hochwertiges Futter besteht aus einer ausgewogenen Mischung verschiedener Körner mit allen notwendigen Spurenelementen und Vitaminen. Wir empfehlen das *Qualitäts-Kaninchenfutter von E. Schweizer Samen AG, Thun*.

Bei geringem Energieverbrauch im Sommer ist ein leichtes Futter ohne Mais, Sonnenblumenkerne, Erdnüsse etc. anzubieten und auf Brot zu verzichten. Anders verhält es sich, wenn der Energieverbrauch erhöht ist.

Viel Energie benötigen

- Kaninchen bei Aussenhaltung im Winter
- Tiere im Wachstum
- säugende und trächtige Kaninchen
- rekonvaleszente und untergewichtige Tiere
- gestresste Tiere (Anpassung).

Sie alle brauchen ausreichend Kraftfutter. Weil zudem jedes Tier sehr unterschiedlich Fett ansetzt, sollten auch das Gefühl und der gesunde Menschenverstand mithelfen, die Tiere angemessen zu ernähren.

Nagematerialien

Zur Beschäftigung und als Nagematerial für die Zähne sind Äste und Zweige sowie Rinden und Wurzeln von enormer Bedeutung. Obwohl Zwergkaninchen und Kaninchen nicht den Nagetieren zugeordnet werden, ist ihnen ein sehr ausgeprägter Nagetrieb angeboren. Bei dieser Tätigkeit nützen sich die zeitlebens wachsenden Zähne gegenseitig ab.

Geeignet sind Rottannenäste sowie Obstbaum-, Buchen- und Haselnusszweige, die zugleich als nicht dick machendes Nahrungsmittel und als Unterschlupf bzw. Schattenspender dienen und die Lebensqualität der Tiere um einiges steigern, wenn sie regelmässig angeboten werden. Krank machende Erreger schleppt man auf diese Weise nicht ein. Die immer neuen natürlichen Materialien wirken anregend und fördern die Vitalität unserer Kaninchen.

Rottannenäste, Buchen- und Haselnusszweige dürfen niemals fehlen.

Brot

Brot hingegen eignet sich als Nagematerial nur in Ausnahmefällen. Es ermöglicht zwar das Knabbern, ist aber zu kalorienreich. Anders verhält es sich bei kranken und untergewichtigen Kaninchen, die aufgefüttert werden müssen. Brot, gut getrocknet und keinesfalls schimmlig, kann diesen Tieren wieder auf die Beine helfen.

Winterfütterung

In den kalten Wintermonaten darf das Futter für unsere Kaninchen durchaus kalorienreich sein, denn im Freien brauchen sie jetzt deutlich mehr Energie. Das heisst:

- besonders viel frisches Heu
- mehr Kraftfutter
- zusätzlich etwas hartes Brot.

Sind die Temperaturen so tief, dass das Wasser gefriert, sollte es täglich drei Mal lauwarm erneuert werden. Im Winter ist der Flüssigkeitsbedarf der Tiere genau so gross. Das Grünfutter verabreichen wir im Winter am besten in der Hütte, damit es nicht gleich gefriert.

Zufütterung kranker Tiere

Wenn ein Kaninchen keine Nahrung mehr aufnimmt, braucht es sofort, das heisst innerhalb eines Tages, tierärztliche Hilfe. Auf keinen Fall darf man abwarten, wie das bei Fleisch fressenden Tieren möglich ist.

Das Verdauungssystem von Kaninchen darf nie still stehen, darum ist vielleicht einmal Zufüttern notwendig. Nach einer Zahnkorrektur oder –operation, aber auch nach einer Krankheit kann es sein, dass die Kaninchen unsere Unterstützung benötigen, um ihre Verdauung wieder zu aktivieren. Wir geben ihnen dann am Besten Critical-Care und Bene Bac (beim Tierarzt erhältlich) ein und füttern sie vorübergehend mit Darvida, Kräutern und sonstigen Leckerbissen, dazu Gervivet® Nager-Vitamintropfen.

Mutterlose Aufzucht der Jungtiere

Haben die Jungtiere vor ihrer Trennung von der Mutter schon einige Tage Muttermilch erhalten, kann die Aufzucht mit der Flasche erfolgversprechend sein. Man verabreicht den kleinen Kaninchen alle zwei bis vier Stunden mit einer Pipette, Einwegspritze oder einer kleinen Schoppenflasche am besten eine Welpen- oder Katzenmilch. Dabei darf keine Flüssigkeit in die Luftröhre gelangen. Aus diesem Grund ist der Kopf nicht zu stark nach hinten zu halten. Die Tiere werden geweckt und dann nur so lange gefüttert, bis sie sich weigern weiter zu schlucken. Danach wird ihnen ganz vorsichtig und sanft der Bauch in Richtung After massiert, um die Verdauung anzuregen. Ab der dritten Woche bietet man auf flachen Schälchen feines Aufzuchtfutter an sowie fein geschnittene Apfel- und Karottenstücke mit zartem Heu.

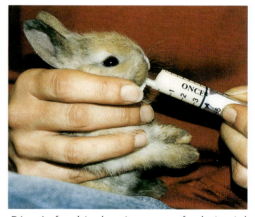

Die Aufzucht der Jungen erfordert viel Ruhe und Geduld.

12 Gesundheit ist nicht Zufall

Der Gesundheitszustand unserer Kaninchen hängt wesentlich von ihren Lebensbedingungen ab. Das Auftreten einer Krankheit ist in vielen Fällen nicht einfach Schicksal, sondern die Folge unsachgemässer Haltung und Fütterung. Auch Stress und mangelnde Hygiene können die Tiere krankheitsanfällig machen. Die beste Gesundheitsvorsorge besteht darin, sie ausgewogen zu ernähren, artgerecht zu halten und ihren Lebensraum regelmässig zu pflegen. Unter solch günstigen Umständen, in Verbindung mit gewissen vorbeugenden Schutzmassnahmen, erkranken Kaninchen nur selten.

Sauberkeit

Werden unsere Kaninchen nicht sauber gehalten, ist ihre Gesundheit gefährdet, vor allem die der Jungtiere. Wir sollten daher die Hütten und das Gehege regelmässig ausmisten, je nach Anzahl der Tiere ein bis zwei Mal wöchentlich ganz, und täglich die Kothäufchen entfernen. Bei heissem Wetter ist gute Hygiene doppelt wichtig. Durch verschmutzte Nahrung und kotverklebte Fressnäpfe können Parasiten übertragen werden. Es versteht sich von selbst, dass wir unseren Tieren nur einwandfreies und sauberes, nicht verdorbenes oder verschimmeltes Futter anbieten und Futterresten nach 24 Stunden entfernen.

Beobachtung

«Ich habe meine Tiere wirklich gut beobachtet, aber aufheben kann ich sie nicht. Nun ist Floppi voller Maden», weint Severine. «Wie konnte das nur passieren?»

Um Krankheitsanzeichen frühzeitig erkennen und dann die geeigneten Vorkehrungen treffen zu können, müssen wir unsere Kaninchen täglich gut beobachten. Ausserdem sind wöchentliche und monatliche Kontrollen nötig, die immer von einer erwachsenen, kundigen Person vorgenommen werden sollten. Kinder sind meistens nicht in der Lage, kleine Veränderungen im Verhalten dieser Tiere wahrzunehmen und richtig zu deuten. Die regelmässigen Kontrollen empfehlen wir, damit unsere Kaninchen nicht durch den Ausbruch einer lange nicht erkannten Krankheit in eine lebensbedrohliche Situation geraten.

Wir sollten uns die Zeit nehmen, unsere Tiere täglich genau zu beobachten.

Tägliche Kontrollen

Im täglichen Kontakt mit unseren Tieren sollten wir merken, wenn ein Tier tränende oder trübe Augen oder eine tropfende Nase hat, wenn es die Ohren nicht spitzt oder sonst im Verhalten Veränderungen zeigt. Solche *Verhaltensänderungen* können sich vielfältig äussern: Ein Kaninchen

- sitzt an einem ganz anderen Platz als sonst
- liegt den ganzen Tag müde herum
- kommt nicht zur Fütterung
- frisst langsamer oder zaghafter als üblich
- wirkt gleichgültig.

Jede Verhaltensänderung ist ein Zeichen, das uns auf etwas hinweist und das wir dringend ernst nehmen sollten. Dies erfordert intensive Beobachtung. Bei normalem Fressverhalten kann unter Umständen mit einem Tierarztbesuch noch abgewartet werden. Achtung: Augenverletzungen brauchen sofort Behandlung. Da Pflanzenfresser keinen Fasttag einlegen dürfen, müssen bei Fressunlust sofort Massnahmen ergriffen werden. Der Darm eines Kaninchens darf nicht ruhen. Aus diesem Grund ist es wichtig, dass stets alle Tiere zur Fütterung erscheinen. Zeigt sich eines nicht, schauen wir einige Stunden später nach, ob es frisst. Ist dies nicht der Fall, wird ein Besuch beim Tierarzt unumgänglich.

> Jegliche Verhaltensänderung bei einem Kaninchen kann Anzeichen einer Krankheit sein und muss ernst genommen werden.

Wöchentliche Kontrolle

- **Analregion:**
  Ist sie sauber und nicht verklebt? Verklebte Haare werden weggeschnitten.
- **Kinn und Maulecken:**
  Sind sie trocken? Feuchte Maulecken können auf ein Zahnproblem hinweisen.

Monatliche Kontrolle

- **Gewichtskontrolle:**
  Hat das Kaninchen zugenommen oder an Gewicht verloren?
- **Fellkontrolle:**
  Sind Krusten oder Haarausfall erkennbar?
- **Krallen:**
  Sind sie nicht zu lang?
- **Zähne:**
  Sind sie in Ordnung?

Tragen

Zur Kontrolle müssen wir die einzelnen Tiere zwischendurch auch hochheben. Kaninchen können dabei heftige, explosionsartige Abwehr- und Strampelbewegungen machen. Halten wir sie zu locker, kratzen oder zappeln sie und strampeln sich los; halten wir sie zu fest, können sie sich leicht Knochenbrüche zuziehen. Wie das Muttertier seine Jungen ergreifen wir das Kaninchen am Nackenfell und stützen mit der anderen Hand von unten seinen Bauch. Dann drücken wir die Beine an uns, damit es uns nicht kratzen kann. Da Kaninchen nicht gerne hochgehoben werden, sollten wir unsere Tiere zwar oft streicheln, aber nur dann herumtragen, wenn es wirklich nötig ist, und sie niemals an den Ohren aufheben. Kaninchen haben einen sehr zerbrechlichen Körperbau; deshalb sollten nur Erwachsene sie tragen.

Kontrolle des Afters

Die Analregion muss sauber und trocken sein. Schmutzig verklebte Stellen im Fell schneiden wir vorsichtig weg, am besten mit einer gebogenen Schere. Bleiben Resten zurück, können wir sie in einem Kamillenbad aufweichen: Wir setzen das Kaninchen in ein Becken mit Kamillentee und weichen die Kotkrusten während ca. zehn Minuten auf, bis wir sie von Hand ablösen können. Danach wird das Tier gut frottiert.

Vor allem im Sommer ist es sehr wichtig, den After von älteren oder Problemtieren regelmässig zu kontrollieren. Zu den für Kaninchen gefährlichsten Parasiten gehören die Larven zahlreicher Fliegenarten. Es kann vorkommen, dass der Kot im Fell kleben bleibt und mit der Zeit eine Schicht bildet, so dass die Haut darunter nicht mehr genügend atmen kann und ein Ekzem entsteht. Auf der nässenden Fläche legen die Fliegen bei sommerli-

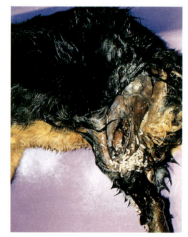

Problemtiere sind im Sommer täglich zu kontrollieren, um einem solchen Madenbefall vorzubeugen.

chen Temperaturen sofort ihre Eier ab, die Larven schlüpfen innert kurzer Zeit und bohren sich ins Gewebe des Kaninchens, sodass es in wenigen Stunden von Maden angefressen wird. Dieses Problem tritt leider sehr oft auf und ist sehr ernst zu nehmen. Bei lebendigem Leibe von Maden aufgefressen zu werden, ist ein schlimmer Tod. Deshalb empfiehlt es sich, Kaninchen, die zu Durchfall neigen, oder solche, die sich nicht mehr so gut reinigen können, zum Beispiel ältere, trägere oder beleibte Tiere, regelmässig, wenn nötig täglich zu kontrollieren. Die Fliegenlarven werden häufig mit Würmern verwechselt.

Durchfall

Durchfall ist ein ernst zu nehmendes Alarmsignal des Körpers und kann verschiedene Ursachen haben:

- Ernährungsfehler: Rohfasermangel (zu wenig oder zum falschen Zeitpunkt verabreichtes, oder nicht täglich frisches Heu) kann zur sogenannten Dysbakterie führen, einer Fehlgärung im Verdauungstrakt, die Blähungen und Durchfall auslöst.
- Darmparasiten (Kokzidien) oder Infektionskrankheiten (Bakterien, Viren). Wurmbefall kommt eher selten vor.
- Zahnprobleme: Zahnstellungsfehler verhindern die kontinuierliche und ausreichende Nahrungsaufnahme und das Futter wird zu wenig zerkaut, was zu Verdauungsproblemen führen kann.
- Stress.
- Verdorbenes Futter.

Massnahmen bei Durchfall

- Sofort viel qualitativ gutes Heu täglich frisch verabreichen.
- Etwas weniger Saftfutter, dafür mehr Apfel anbieten.
- Gewicht kontrollieren.
- Tier gut beobachten: Wenn es ungenügend frisst, in die Tierarztpraxis bringen.

Zahnkontrolle

Feuchte Maulecken oder ein feuchtes Kinn können auf einen Zahnstellungsfehler hinweisen. Wir sollten sofort das Gewicht des Kaninchens kontrollieren und mit dem zuletzt gemessenen Wert vergleichen. Hat das Tier nicht abgenommen, müssen wir sein Fressverhalten genau beobachten. Ist es schon auffällig leichter als beim letzten Wägen, sollten wir ohne Zögern eine Tierarztpraxis aufsuchen.

Kaninchen haben 28 Zähne: 4 Schneidezähne, dahinter 2 Stiftzähne, 12 Backenzähne im Oberkiefer und 10 Backenzähne im Unterkiefer (sechs bzw. fünf pro Seite). Die zwei Schneidezähne des Oberkiefers greifen über diejenigen des Unterkiefers. Das Gebiss eines Kaninchens ist im Alter von fünf Wochen bereits vollständig ausgebildet. Das Kiefergelenk ist ein so genanntes Schlittengelenk und ermöglicht die für diese Tierart typischen Kaubewegungen: vorwärts/rückwärts, nicht wie beim Menschen auf/zu.

Kaninchenzähne wachsen zeitlebens ca. 1-2 mm pro Woche wie unsere Fingernägel. Durch die ständige Reibung beim Kauen wetzen sie sich gegenseitig ab. Darum ist es sehr wichtig, den Tieren vielfältige und

Gesunde Zähne sind waagrecht abgenützt und passen aufeinander.

Bei fehlabgenützten Zähnen können die unteren zwischen den Lippen hervorwachsen ...

... oder die oberen gegen die Zunge wachsen. Eine Fehlstellung vor ...

... und nach der tierärztlichen Korrektur.

immer wieder frische natürliche Nagematerialien in Form von Ästen anzubieten sowie viel Heu, damit sie immer etwas zu kauen haben, ohne dabei zu verfetten.

> Als vorbeugende Massnahme zur Gesunderhaltung der Zähne muss viel natürliches Nagematerial in Form von immer wieder neuen Ästen und Zweigen etc. angeboten werden.

Die Schneidezähne müssen senkrecht aufeinander stehen und waagrecht abgenutzt sein. Wenn die Nagezähne sich nicht abschleifen, biegen sie sich wie Hörner nach innen und hindern das Tier am Fressen oder ragen sogar zwischen den Lippen hervor. Bei Schmerzen im Zahnwurzel- oder Kieferbereich kauen die Kaninchen einseitig, was die schräge Abnützung der Nagezähne zur Folge hat. Möglich ist auch eine Fehlabnützung der von aussen nicht sichtbaren Backenzähne. Schleifen diese sich zu wenig ab, wachsen Spitzen gegen die Zunge, verletzen diese sowie die Maulschleimhaut, bereiten den Tieren schlimme Schmerzen und hindern sie am Fressen. Es kann sogar passieren, dass eines vor dem vollen Napf verhungert. Dies zu bemerken, ist keineswegs einfach, weil das Kaninchen, hungrig wie es ist, immer als Erstes am Futternapf erscheint und verzweifelt versucht, Nahrung aufzunehmen. Nur wer sich die Mühe nimmt, das Fressverhalten der Tiere in aller Ruhe zu beobachten, wird die

Anzeichen eines Zahnproblems, wozu auch ein speichelverklebtes Fell am Kinn gehören kann, rechtzeitig erkennen. Kinder sind dazu meist nicht in der Lage; selbst für Erwachsene ist es bisweilen schwierig.

Zahnanomalien treten vorwiegend bei überzüchteten und kleineren Rassen auf. Erkennen wir ein Zahnproblem frühzeitig, vermag ein tierärztlicher Eingriff zu helfen. Erscheint man aber zu spät in der Praxis, ist das Kaninchen meist schon sehr geschwächt und die Zunge verletzt. Der Heilungsprozess verlangsamt sich und oftmals kann das Tier dann nicht mehr gerettet werden.

Gewicht

Ist ein Kaninchen nach ca. acht Monaten ausgewachsen, sollten wir einmal pro Monat sein Gewicht kontrollieren, damit uns nicht entgeht, wenn das Tier vielleicht plötzlich zu sehr zu- oder auch abnimmt. Das Gewicht ist abhängig von der Grösse und vom Körperbau. Entscheidend ist nicht das Erfüllen einer Gewichtsnorm, sondern die relative Gewichtsentwicklung. Mit anderen Worten: Verliert ein Kaninchen zwischen zwei Kontrollen zehn Prozent seines Gewichts, müssen wir es sorgfältig beobachten und auch häufiger wägen, etwa alle zwei bis drei Tage. Nimmt es mehr als zehn Prozent ab, ist tierärztliche Hilfe nötig. Ein neugeborenes Kaninchen wiegt zwischen 50-100 Gramm, ein ausgewachsenes eins bis acht Kilo, je nach Rasse.

> **Durch regelmässige Gewichtskontrolle können Krankheiten frühzeitig erkannt werden.**

Fellpflege

Da Kaninchen viel Zeit mit der Pflege ihres Fells verbringen, müssen wir in der Regel diesbezüglich nichts mehr tun, sondern nur die Kontrollen durchführen. Das Fell sollte glänzen und ohne kahle Stellen sein.

Anders verhält es sich bei Langhaarkaninchen, deren Fell unserer intensiven Pflege bedarf. Die Tiere jeden Tag zu kämmen, bedeutet für sie jedoch grossen Stress. Wir empfehlen daher, ihnen mindestens einmal wöchentlich die Knoten aus dem Fell zu schneiden. So wird verhindert, dass die Haare zu stark verfilzen und das betroffene Kaninchen unter Narkose geschoren werden muss. Beim Fellwechsel kann es nötig sein, auch kurzhaarige Kaninchen ausnahmsweise zu bürsten.

Krallen

Kaninchen haben vorne je fünf Krallen und hinten je vier. Können sie sich ihrer Natur entsprechend verhalten und graben, hoppeln und Haken schlagen, nützen sich die Krallen auf natürliche Weise ab. Wohnungskaninchen dagegen bewegen sich eher auf weichem Untergrund. Daher müssen ihre zu lang gewachsenen Krallen von Zeit zu Zeit gekürzt werden, ohne dass dabei das stark durchblutete Nagelbett verletzt wird. Am besten bemühen wir uns beim ersten Mal um fachkundige Anleitung.

Wir sollten auch im Freien lebende Kaninchen monatlich kontrollieren. Ältere oder träge Tiere nützen oftmals ihre Krallen nicht mehr richtig ab. Zu lange Krallen hindern das Tier an der Fortbewegung oder zwingen die Zehen in eine unnatürliche Stellung.

Zu lange Krallen behindern das Tier bei der Fortbewegung.

Baden

Kaninchen mögen es gar nicht, gebadet zu werden, und sollten diese Prozedur deshalb nur im Notfall über sich ergehen lassen müssen, zum Beispiel bei Pilzbefall oder verklebtem Afterbereich. Allerdings sind dann nur die schmutzigen oder befallenen Stellen zu baden. Dazu setzt man das Tier in ein mit lauwarmem Wasser halb gefülltes Becken. Mit ruhigen, gezielten Handgriffen werden die betroffenen Stellen gewaschen. Es kann sehr hilfreich und für das Kaninchen beruhigend sein, wenn eine Hilfsperson seine Augen mit einer Hand oder einem Tuch zudeckt.

Hautpilz

Typisch für einen Pilzbefall sind runde oder ovale Flecken auf der Haut. Beobachten wir diese Symptome, sollten wir eine Tierarztpraxis aufsuchen. Die Kaninchen müssen behandelt und mit einem Pilzmittel gewaschen werden. Diese Bäder sollten lange genug, nämlich sechs bis acht Wochen, fortgeführt werden, weil Pilzsporen sich sehr hartnäckig unter der Haut halten. Ein solcher Pilzbefall tritt bei Aussenhaltung möglicherweise auch als Folgeerscheinung von Mückenstichen auf, wenn sich die Tiere wund kratzen. Dabei kann der Pilz auf andere Körperstellen übertragen werden. Die Veränderungen sind unter der Haut weiter fortgeschritten als von aussen sichtbar. Deshalb müssen die befallenen Stellen grosszügig und intensiv behandelt werden. Weil der Körper die Veränderungen unter der Hautoberfläche im Verlaufe des Heilungsprozesses abstösst, werden die Flecken vorübergehend grösser. Das heisst jedoch nicht, dass das Mittel nicht wirkt, sondern ist ein Hinweis auf den Heilungsprozess im Körper.

Parasiten

Wir möchten hier nur die bei Kaninchen am häufigsten vorkommenden Parasitenarten erwähnen. Bei den Hautparasiten sind das Milben, bei den Darmparasiten Kokzidien. Wurmbefall tritt nur selten auf; meist handelt es sich bei Verdacht auf Wurmbefall um Fliegenlarven, die am Hinterteil des Kaninchens sichtbar werden.

Milben (Hautparasiten)

Beobachten wir bei unseren Kaninchen plötzlich schuppige Hautstellen und starken Haarausfall oder kratzen sich die Tiere auffallend häufig, könnten sie von Milben befallen sein. Eine Spritze schafft hier Abhilfe.

Milbenbefall tritt häufig in Stress-situationen auf, wenn das Immunsystem stark gefordert oder geschwächt ist. Gründe dafür können Anpassungsschwierigkeiten, Krankheit, Rangverlust in der Hierarchie oder Überbelegung des Geheges sein. Es liegt an uns, die Ursachen für den Stress herauszufinden und entsprechende Vorkehrungen zu treffen. Natürliche Materialien aus Wald und Garten sind *nicht* die Ursache eines Milbenbefalls, sondern wirken sich im Gegenteil günstig aus. Beschäftigte Tiere sind widerstandsfähiger als gelangweilte.

Ein von Milben befallenes Kaninchen sollte vom Tierarzt behandelt werden.

Kokzidien (Darmparasiten)

Wer sich schon länger mit Kaninchen beschäftigt, weiss, dass Kokzidienbefall ein ernst zu nehmendes Problem ist. Die Erreger dieser Krankheit sind einzellige Parasiten, die im Darm fast jedes Kaninchens vorkommen. Sie werden als Eier im Kot ausgeschieden und sehr leicht auf die anderen Tiere übertragen. Durch Kontakt mit und Aufnahme von Kot können sich die Kaninchen immer wieder anstecken.

Kokzidien werden mit Hilfe des Mikroskops diagnostiziert, wobei die Menge der vorhandenen Eier nichts über das Stadium der Krankheit aussagt, sondern nur über den Ausscheidungsgrad. Auch wenn im Kot keine Kokzidieneier nachweisbar sind, kann ein Kaninchen daran erkrankt sein. Vermehren sich die Kokzidien, beschädigen sie nebst Leber und Gallenblase die Schleimhaut des Darms. Schreitet die Krankheit weiter voran, werden die Blutgefässe verletzt. Kleine Sickerblutungen machen die Tiere allmählich blutarm und somit müde, bei stärkeren kann blutiger Durchfall die Folge sein.

Stresssituationen begünstigen die Vermehrung von Kokzidien, deren Zahl innert kurzer Zeit drastisch zunehmen kann. Aber nicht immer können wir unseren Kaninchen Stresssituationen ersparen.

> **Sauberkeit im Gehege und besonders im Futterbereich schränkt die Gefahr von Darmparasiten ein.**

Kotfressen

Erschrecken Sie nicht, wenn Ihre Kaninchen Kot fressen. Die Wiederaufnahme von Kot ist ein ernährungsphysiologisch notwendiger Prozess. Auf diese Weise wird der vorverdaute Futterbrei, der sehr reich an Vitaminen ist, in einer Art Recycling noch einmal dem Verdauungssystem zugeführt. Der Blinddarmkot wird oft gleich vom After weg wieder gefressen. Er ist weich, nicht zu verwechseln mit Durchfall, traubenförmig und unterscheidet sich stark von den gewöhnlichen trockeneren Kotkügelchen.

Stresssituationen

Kaninchen sind stressempfindliche Tiere. Verschiedene Situationen stellen für sie eine Belastung dar, beeinträchtigen ihr Immunsystem und machen sie anfällig für verschiedene Erkrankungen. Deshalb sollten wir sie folgenden Stressfaktoren nach Möglichkeit nicht aussetzen:

- unnötiges Einfangen
- fremde, laute Kinder im Gehege
- ein Hund, der sie von aussen jagt
- laute, unbekannte Geräusche.

Gewisse Situationen können wir unseren Kaninchen allerdings nicht ersparen, müssen sie aber während dieser Zeit umso besser beobachten:

- Umplatzierung
- Eingewöhnung in eine neue Gruppe
- Absteigen in der Rangordnung
- Muttertier: Geburt, Säugen der Jungtiere (4 - 6 Wochen lang)
- Jungtiere: Entwöhnung

Magenüberladung und Trommelsucht

Diese Worte geistern als Schreckensszenarien in den Köpfen der Kaninchenbesitzer herum. Versteht man jedoch, was damit gemeint ist und welches die Ursachen sind, lassen sich diese Gefahren leicht ausschalten.

Magenüberladung

Nach einer Hungerzeit stürzen sich Kaninchen aufs Futter. Gibt man ihnen Heu, das sehr rohfaserreich ist, fressen sie langsamer und müssen viel kauen. Dadurch wird reichlich Speichel gebildet und die Verdauung kommt langsam in Gang. Reicht man ihnen aber Futter, das sie hinunterschlingen können, überfressen sie sich. Der überfüllte Magen kann sich nicht entleeren, da er nur schwach bemuskelt ist. In der Folge verhärtet sich der Bauch und sein Umfang wird grösser.

Trommelsucht

So nennt man Blähungen, die durch Fehlgärungen bei der Verdauung entstehen und zu einem aufgetriebenen Bauch führen. Die betroffenen Kaninchen zeigen Bauchschmerzen und liegen apathisch herum. Manchmal drückt der aufgeblähte Magen aufs Zwerchfell, was zu Atemnot führen kann. Zu Fehlgärungen kommt es

- wenn die Tiere nicht an Grünfutter gewöhnt sind
- wenn sie Grünfutter auf nüchternen Magen fressen
- wenn bei einer Magenüberladung Grünfutter im Magen liegen bleibt.

Im Zusammenhang mit einer Magenüberladung können solche Blähungen sogar zu einem Riss der Magenwand führen. Unsere Kaninchen dürfen also nicht zu viel Grünfutter auf einmal fressen. Verbringen sie die Nacht in einem Stall oder in einem kleineren Gehege ohne Wiese, sollten wir ihnen am Morgen zuerst immer reichlich qualitativ gutes Heu anbieten, bevor wir sie auf einer Wiese weiden lassen. So können sie ihren ersten Hunger stillen und der beim Kauen gebildete Speichel aktiviert die Verdauung. Grünfutter und Körner werden dann langsamer gefressen und besser verdaut. Andernfalls stürzen sich die Tiere aufs Gras, was zu einer Magenüberladung mit nachfolgender Trommelsucht führen kann.

Wollen wir also dem Problem Magenüberladung/Trommelsucht vorbeugen, müssen wir uns an die Fütterungsgrundsätze für Pflanzenfresser halten:

- Zuerst Heu, dann erst Grünfutter.
- Die Kaninchen niemals hungern lassen.

> Grünfutter auf nüchternen Magen ist gefährlich für Kaninchen; Heu dagegen bringt die Verdauung langsam in Gang und verhindert Magenüberladung und Fehlgärung.

Kaninchen, die *ständig* Zugang zu einer Wiese haben, überfressen sich nicht. Haben sie die Gelegenheit, nach Lust und Laune zu grasen, fressen sie nur so viel, wie ihnen gut tut, und das Risiko einer Magenüberladung ist weitgehend ausgeschaltet. Fehlgärungen gibt es nicht,

Wer morgens zuerst viel Heu verabreicht, beugt vielen Problemen vor.

weil die Tiere an die ständige Grünfutteraufnahme gewöhnt sind und die Verdauungsflora sich angepasst hat.

Hitzschlag

Kaninchen sind sehr hitzeempfindlich. Sie dürfen deshalb nie auf engem Raum, zum Beispiel in eine Hütte, eingeschlossen werden. Auch Tücher, Sonnenstoren oder kleine Hüttchen können zu tödlichen Fallen werden. Übergewichtige Tiere und Angorakaninchen sind besonders gefährdet. Viel frisches Wasser und natürliche Schattenspender wie Wurzeln mit darüber gelegten Ästen sind enorm wichtig. Kommt es doch einmal vor, dass an einem Hitzetag ein Kaninchen wie tot daliegt, dann laufen Sie nicht gleich in Panik zum Tierarzt, denn der sofortige Transport des unter Schock stehenden Tieres würde wahrscheinlich seinen Tod bedeuten. Das Kaninchen sollte zuerst in nasskalte Tücher eingewickelt und an einen kühlen, ruhigen Ort gebracht werden. Der Tierarztbesuch kann später bei Bedarf immer noch nachgeholt werden.

Impfungen

Die Rabbit Hemorrhagic Disease (RHD), die so genannte Chinaseuche, ist eine Viruserkrankung, die Hasen, Wildkaninchen, Mastkaninchen, Ausstellungstiere sowie Zwergkaninchen im Privathaushalt befallen kann und hoch ansteckend ist. Die Symptome sind zum Beispiel Apathie (Teilnahmslosigkeit), Atembeschwerden oder Blutungen aus der Nase und Erstickungsanfälle. Gegen die Krankheit gibt es keinerlei Behandlungsmöglichkeiten, sie verläuft immer tödlich. RHD kann mit den Schuhen und Kleidern übertragen werden. Daher empfehlen wir dringend, nicht nur die Ausstellungstiere, sondern alle, auch die in Privathaushalten lebenden Kaninchen, impfen zu lassen. Im Ausland ist die Impfung seit langem eine Selbstverständlichkeit. In der Schweiz hat sie es schwer, sich durchzusetzen. Dies ist erstaunlich, war sie doch 1997 die am häufigsten gemeldete anzeigepflichtige Seuche im Lande. Den meisten Tierhaltern ist es geläufig, ihre Katze oder ihren Hund impfen zu lassen, nicht jedoch ihre Kaninchen. Die Chinaseuchen-Impfung wird von vielen Besitzern und auch von Fachleuten als überflüssig betrachtet. Kaninchen haben aber das Recht, gleichermassen umsorgt zu werden wie andere Tiere. Im Interesse der Kaninchen hoffen wir, dass diese Seuche bald einmal ausgerottet sein wird. Dies kann jedoch nur geschehen, wenn auch in Privathaushalten lebende Tiere regelmässig, das heisst jährlich, geimpft werden. Die Impfung wird ab der sechsten Lebenswoche durchgeführt. Bei dieser Gelegenheit empfiehlt es sich, noch einmal das Geschlecht vom Tierarzt oder der Tierärztin bestimmen zu lassen.

Krankheiten

Krankheiten beim Kaninchen sind ein komplexes Thema, dessen Zusammenhänge zu erfassen sehr viel Fachwissen voraussetzt. Da es den Rahmen dieses Buches sprengen würde, auf einzelne Krankheitsbilder einzugehen, möchten wir darauf verzichten.

Zu einer erfolgreichen Gesundheitsvorsorge gehören die Bereitschaft und die Fähigkeit eines Tierhalters, das Unwohlsein ihrer Kaninchen frühzeitig zu erkennen, richtig einzuordnen und eine Tierarztpraxis aufzusuchen, bevor es zu spät ist. Erkennt man ein Problem rechtzeitig und handelt entsprechend, kann vielen Tieren noch geholfen werden.

Nicht von Artgenossen trennen

■ «Wir haben unseren Struppi nur drei Tage aus der Gruppe genommen und nun gehen sie wieder fürchterlich aufeinander los. Das kann doch nicht sein!»

Wie bei uns Menschen beeinflusst auch beim Tier die Psyche stark den Verlauf einer Krankheit. Wir sollten daher ein krankes oder verletztes Tier nicht isolieren, sondern es bei seinen Artgenossen in der Gruppe lassen und dort pflegen bzw. ihm die nötigen Medikamente verabreichen. Die Ansteckungsgefahr ist sowieso meist *vor* Ausbruch einer Krankheit am grössten, also zu einem Zeitpunkt, wo wir noch gar nichts davon bemerken.
Ist ein Kaninchen krank, müssen wir auf besondere Sauberkeit achten und alle Tiere ausgewogen und vitaminreich ernähren. Trennen wir eines auch nur für kurze Zeit von seinen Artgenossen, müssen wir bei der Wie-

Auch ein krankes Kaninchen braucht dringend den Kontakt zu Artgenossen.

Foto: E. Hunziker

dereingliederung mit Kämpfen rechnen, weil in der Zwischenzeit eine neue Rangordnung festgelegt worden ist. Das würde für das genesende Tier eine neue, mit Stress verbundene Anpassungszeit bedeuten. Ist es noch von der Krankheit geschwächt, besteht die Gefahr eines Rückfalls oder bei verheilenden Knochenbrüchen das Risiko einer erneuten Fraktur.

In einer harmonischen Gruppe lebende Tiere sollten also nach Möglichkeit nie, auch nicht vorübergehend, voneinander getrennt werden. Wird ein geschwächtes Kaninchen aber, was geschehen kann, von seinen Artgenossen bedrängt, belästigt oder bedroht, können wir mit Maschendraht einen kleinen Lebensraum im gemeinsamen Gehege abtrennen und so dem Patienten Ruhe verschaffen. Ein krankes Kaninchen, das in seiner Sippe bleiben kann, hat mehr Lebenswillen und wird schneller gesund als eines, das man auch noch aus seinem gewohnten Lebensraum herausreisst.

> **Ein krankes Kaninchen hat mehr Lebenswillen, wenn es bei seinen Artgenossen bleiben kann.**

Besuch beim Tierarzt oder bei der Tierärztin

Ein jährlicher Besuch in der Tierarztpraxis ist unbedingt einzuplanen. Mit der Impfung werden bestimmt auch gleich eine Zahnkontrolle und ein allgemeiner Check durchgeführt. Die Kaninchen werden am besten in einem Katzenkorb oder einer Schachtel transportiert, die nicht mit Stroh oder Heu versehen, dafür aber mit einem hellen Tuch ausgelegt sind, was der Fachperson erlaubt, auch gleich den Kot und den Urin zu beurteilen. Zu viel Platz oder Licht machen die Tiere unsicher und ängstlich, Heu und Stroh sind für den Transport ungeeignet und können zu Augenverletzungen führen.

13 Gemeinsame Haltung von Kaninchen und Meerschweinchen

Wenn die Voraussetzungen für eine artgerechte Haltung erfüllt sind und der Lebensraum gross genug ist, können Kaninchen und Meerschweinchen im Allgemeinen friedlich zusammenleben. Diese Verträglichkeit wird aber leider oft zum Anlass genommen, von beiden Arten nur je *ein* Tier zu halten. Der Entscheid, ein einzelnes Kaninchen mit einem einzelnen Meerschweinchen zu kombinieren, beruht in der Regel auf einer Reihe von Irrtümern und Vorurteilen, die zu korrigieren sind.

Jedem seinen eigenen Schlafplatz!

Foto S. Herrmann

Ein Kaninchen und ein Meerschweinchen: Beweggründe für einen Fehlentscheid

Beweggründe bzw. irrtümliche Annahmen	Berichtigung
Weil sie sich so gut verstehen.	Es handelt sich um eine nur vermeintlich gute Beziehung; aus der Einsamkeit heraus arrangieren sich die Tiere einfach miteinander.
Um die Kastration zu umgehen.	In Gefangenschaft sollten ohnehin in jedem Fall stets alle männlichen Tiere kastriert werden (Geruch, Dominanz, Bissigkeit, Ausbrechen).
Weil die konventionellen Käfige zu klein sind für zwei Kaninchen, aber gross genug scheinen für ein Kaninchen und ein Meerschweinchen.	Konventionelle Käfige sind auch für ein einzelnes Kaninchen ungeeignet, geschweige denn für zwei. Das Unterdrücken des überaus starken Bewegungsdranges führt oft zu Verhaltensstörungen.
Um die Anpassungsschwierigkeiten zweier Artgenossen zu umgehen.	Der einfachere Weg ist nicht der bessere, vor allem aber nicht der tiergerechtere.
Um das Gewissen zu beruhigen. Man ist überzeugt, so die Einzelhaltung zu vermeiden.	Es bleibt Einzelhaltung. Weder die Beziehung zum Menschen noch zu einem artfremden Tier können den lebenswichtigen Sozialkontakt zu einem Artgenossen ersetzen.
Weil es über Jahre so praktiziert und empfohlen wurde.	Nicht alles, was sich über Jahre so genannt «bewährt» hat, ist auch wirklich gut.

Unterschiede im Sozialverhalten von Kaninchen und Meerschweinchen

Kaninchen und Meerschweinchen sind beides ausgesprochene Sippentiere; über diese Gemeinsamkeit hinaus unterscheiden sie sich jedoch wesentlich voneinander:

Kaninchen	Meerschweinchen
Kuscheln gerne und lecken einander.	Leben eher auf Distanz, bewegen sich aber gemeinsam auf ihren Trampelpfaden.
Halten sich mit Vorliebe an erhöhten Orten auf.	Sind Fluchttiere, die immer wieder Schutz bietende Winkel aufsuchen.
Graben und sind Höhlenbewohner.	Bevorzugen gedeckte Mulden.
Sind vorwiegend nachtaktiv.	Sind tagaktiv, schlafen nachts in der Hütte.
Drücken ihre Lebensfreude mit Haken schlagen und Hoppelsprüngen aus.	Sind schreckhaft, trippeln von Unterschlupf zu Unterschlupf, immer auf der Suche nach Schutz.
Schlafen meistens alleine.	Schlafen fast immer nahe beisammen.

Der Einblick in das unterschiedliche Sozialverhalten dieser zwei Tierarten macht deutlich, dass jedes Kaninchen und jedes Meerschweinchen dringend auf mindestens *einen* Artgenossen angewiesen sind. Andernfalls sind sie zwar zu zweit, aber bleiben doch allein.

Leider kommt die Haltung von zwei Einzeltieren auch heute noch oft vor und wird teilweise sogar empfohlen. Es bleibe dahingestellt, ob dies aus kommerziellen Gründen, aus Unwissenheit, aus Gleichgültigkeit oder auf Grund unzureichender Erfahrung geschieht. Natürlich ist das Anpassen eines Meerschweinchens an ein Kaninchen oftmals viel einfacher. Aber wir möchten alle Tierfreunde dazu anregen, die gängigen Argumente kritisch zu hinterfragen, sich selber Gedanken zu machen und zu Gunsten der Tiere zu entscheiden.

■ «Mein Hoppelmännli ist der König bei den Meerschweinchen!», erzählt Susi stolz.

Auch ein Kaninchen, das in einer Meerschweinchen*sippe* lebt, ist einsam; denn ohne mindestens *einen* Artgenossen bleiben ein Kaninchen oder ein Meerschweinchen immer einsame Einzeltiere, auch dann, wenn sie in einer *Gruppe* von Tieren der anderen Art leben.

Natürlich entwickelt sich nicht selten eine durchaus «nette» Beziehung zwischen den beiden Tierarten, die aber stets grosser Einsamkeit entwächst: Jedes der Tiere hat anstelle eines Artgenossen nur den falschen Lebenspartner, der ihm aufgezwungen wurde und der die artfremden Verhaltensweisen nicht verstehen kann. Auf den ersten Blick mag es ja niedlich sein, wenn ein Kaninchen ein Meerschweinchen ableckt und beide dicht bei- oder aufeinander liegen. Bei genauerer Betrachtung wird jedoch klar, dass sie dies nur deshalb tun, weil sie auf zu engem Raum miteinander leben müssen und keine andere Wahl haben, so wie sich ein Einzeltier zwangsläufig auch stärker dem Menschen anschliesst. In meiner langjährigen Tätigkeit in der Nagerstation habe ich noch nie beobachtet, dass ein Kaninchen, auch wenn es vorher jahrelang nur mit einem Meerschweinchen zusammenlebte, sich eher den Meerschweinchen als seinen Artgenossen angeschlossen hätte.

Zwischen einem Kaninchen und einem Meerschweinchen kann es allerdings auch zu Problemen kommen wie Bespringen, Beissen oder lautem Klopfen und sogar zur Tötung. Hätten diese Tiere die Möglichkeit, mit Artgenossen zusammen in einem ausreichend grossen Aussengehege zu leben, würden sie sich jedoch ganz anders verhalten.

Der Lebensraum bei gemischter Haltung

Der Lebensraum sollte möglichst gross sein, mindestens aber zehn Quadratmeter messen. So kann er zweckmässig eingerichtet werden und bietet genügend Platz, damit Kaninchen und Meerschweinchen sich ihrem Wesen gemäss fortbewegen können. Auch das Haus muss beiden Tierarten gerecht werden. Es sollte mehrere Stockwerke und Abteile haben, damit die Tiere einander ausweichen können. Der Eingang für die Meerschweinchen ist ebenerdig anzubringen. Darüber hinaus braucht es

- zahlreiche Schlupfwinkel, damit die Meerschweinchen von den Kaninchen nicht überrannt werden;
- etwas Freifläche, wo die Kaninchen ihre Haken schlagen können;
- mehrere erhöhte Ebenen als Ruheplätze für die Kaninchen;
- eine gemeinsame grosse und geschützte Futterstelle;
- viele überhängende Äste;
- mehrere Schutz bietende Unterschlüpfe, damit die Meerschweinchen ihre Trampelpfade von Zufluchtsort zu Zufluchtsort anlegen können.

Da Kaninchen schon nach kurzer Zeit stark revierbezogen sind, sollten nicht erst nachträglich Meerschweinchen im gleichen Gehege einquartiert werden. Die gemischte Haltung ist nur dann zu empfehlen, wenn zuerst oder gleichzeitig Meerschweinchen sich einleben können. Erfahrungsgemäss zeigt sich, dass kleinere Kaninchenrassen sich weniger gut mit Meerschweinchen vertragen als grössere.

Viele Rückmeldungen von zufriedenen Tierfreunden an die Nagerstation bestätigen, dass ihre Tiere viel vitaler geworden sind und ein ausgeprägteres Sozialverhalten an den Tag legen, seit jedem von ihnen ein Artgenosse beigesellt wurde.

Die kombinierte Haltung sollte beiden Tierarten gerecht werden.

Das Kaninchen im Spannungsfeld zwischen Heimtier und Nutztier

Das Problem der artgerechten Haltung von Kaninchen ist vielschichtig. Mit diesem Buch wenden wir uns an Heimtierbesitzer mit dem Anliegen, ihnen die Verpflichtung zur tiergerechten Haltung ihrer Kaninchen ins Bewusstsein zu rufen. Ohne Zweifel gibt es aber auch in anderen Bereichen noch viel zu tun: Denken wir nur an die Zucht und Mast von Kaninchen sowie an ihre Verwendung als Versuchstiere in Labors. Diese Aspekte wollen und können wir hier nicht abhandeln; wir würden damit den Rahmen des Buches sprengen.

Dennoch sei daran erinnert, dass unser Konsumverhalten sehr wohl Druck auszuüben vermag und damit schliesslich bestimmt, welche Haltungsformen sich durchsetzen werden. Wir entscheiden, welches Kaninchenfleisch wir kaufen. Mit etwas gutem Willen und Fantasie können Kaninchen auch als Nutztiere artgerecht untergebracht werden.

Foto M. Hänni

Im Zweifelsfall fragen

Täglich erreichen uns am Nager-Beratungstelefon unzählige Anrufe. Hier eine Auswahl der am häufigsten gestellten Fragen:

Anpassung

Unserem Mummel ist der Partner gestorben. Nach dem Integrieren eines neuen Kollegen gehen die beiden nun nachts im Stall ganz fürchterlich aufeinander los. Muss ich sie trennen?
Mit einer Trennung der Tiere die Nacht über erreichen Sie nicht das gewünschte Ziel; die Anpassung beginnt in diesem Fall jeden Tag von Neuem. Sie sollten ein ein- und ausbruchsicheres Gehege bauen, damit die Tiere auch nachts nicht auf engem Raum eingesperrt werden müssen.

Liseli und Beni sind ein verliebtes Pärchen. Kann ich nun noch ein neues Kaninchen integrieren?
Bei zwei Kaninchen, die so intensiv aufeinander bezogen sind, würde ein drittes Tier wahrscheinlich ein Aussenseiterdasein fristen. Ich rate Ihnen, wenn genügend Platz vorhanden ist, gleich zwei Neulinge anzuschaffen.

Wir haben zwei Zwergkaninchen und möchten nun einem Mastkaninchen das Leben retten. Kann das funktionieren?
Ein ruhender Pol in einer Gruppe Zwerge kann dem Gleichgewicht sicher nicht schaden. Wenn das Geschlecht auch noch in Ihre Gruppe passt, steht dem nichts im Wege.

Wir haben zwei Kaninchen-Weibchen. Eines davon ist sehr dominant, darum trennen wir sie in der Nacht. Täglich gehen sie wieder neu aufeinander los. Was kann ich machen?
Die Tiere nicht trennen! Sie erweisen ihnen damit keinen Gefallen; der Stress ist umso grösser, wenn die Kaninchen täglich neu eine Rangordnung festlegen müssen. Zu überlegen wäre auch das Zugesellen eines kastrierten Bocks.

Ich möchte gerne meinem Charly ein Frauchen beigesellen, aber ich weiss nicht, ob ich die Nerven dazu habe.
Bevor Sie diesen Schritt tun, sollten Sie innerlich wirklich bereit sein, die Rangordnungskämpfe der ersten Zeit zu akzeptieren. Es wäre schade, wenn Sie einen Versuch starten und ihn nach einigen Tagen wieder abbrechen. Damit würden Sie weder Charly noch dem neuen Kaninchen einen Dienst erweisen.

Immer wieder hört man: Kaninchen sollten sich zuerst einige Zeit durch den Käfig beschnuppern können. Was halten Sie davon?
Ich bin keine Anhängerin dieser Methode. Es geht dabei wertvolle Zeit verloren und die Auseinandersetzungen um die Rangordnung werden auch so noch unvermindert heftig ausfallen.

Hilfe, mein Kaninchen beisst!
Die häufigsten Ursachen von Aggression sind fehlender Sozialkontakt zu einem Artgenossen oder zu beengte Haltung. Unterforderung kann ein weiterer Grund sein. Den Kaninchen sollten immer frische Nagematerialien in Form von Ästen und Zweigen angeboten werden.

Ernährung

Eines unserer Kaninchen ist an einem Magenriss gestorben, obwohl die Tiere immer Heu in der Raufe haben und ich seit Jahren morgens Grünfutter und am Abend Körner füttere. Warum ist das passiert?
Sie können mit einer falschen Ernährung vielleicht jahrelang Glück haben. Eines Tages aber stürzt sich ein Kaninchen hungrig und gierig auf das Grünfutter und schon ist es geschehen. Der Tag muss immer mit dem Verabreichen von frischem, trockenem Heu beginnen und erst einige Stunden danach folgt das «Dessert» in Form von Grünfutter. Auf diese Weise kann sich kein Kaninchen am Grünfutter überfressen.

Ich gebe meinen Kaninchen nie zu viel Grünfutter und nur zwei Mal pro Woche, und dennoch bekommen sie immer wieder Blähungen. Muss ich ganz damit aufhören?
Sie sollten regelmässig, das heisst täglich, etwas Grünfutter geben, aber erst einige Stunden nachdem Ihre Kaninchen frisches Heu bekommen haben.

Meine Kaninchen haben zusätzlichen Freilauf im Garten. Muss ich nun Angst haben, dass sie Eibe und Thuja fressen?
Nein, das müssen Sie nicht befürchten. Ein abwechslungsreich gefüttertes Kaninchen stürzt sich nicht auf giftige Pflanzen.

Kann man Kaninchen auch Blau- oder Weisstanne anbieten?
Ja, als Unterschlupf oder um einen neuen Geruch ins Gehege zu bringen. Zum Knabbern bevorzugen sie jedoch Rottanne.

Was mache ich, wenn das Wasser im Winter gefriert?
In der Hütte bereitstellen; dort sollte es nicht gefrieren. Ansonsten täglich dreimal erneuern.

Unser Gehege ist so gross, dass das Gras immer wieder nachwächst. Die Kaninchen sind dauernd am Fressen. Muss ich nicht befürchten, dass sie Blähungen bekommen?
Kaninchen, die immer Zugang zu einer Wiese haben, werden sich nicht überfressen. Dennoch ist ihnen täglich am Morgen viel frisches, qualitativ gutes Heu anzubieten.

Eines unserer Kaninchen hat Probleme mit den Zähnen. Genügt es, wenn ich ihm viel hartes Brot verabreiche?
Zuerst ist sicher ein Tierarztbesuch einzuplanen. Dann geben Sie Ihren Kaninchen am besten viel schmackhaftes Heu und immer wieder frische Zweige, um die Zähne zu genügend Reibung zu zwingen. Brot sollte nur bei untergewichtigen Tieren zusätzlich gefüttert werden.

Haltung

Stupsi und Möhrli sitzen immer im Regen, obwohl sie eine Hütte hätten. Können sie sich nicht erkälten?
Beliebter als Hütten sind trockene Unterstände wie seitwärts gekippte, mit Heu eingestreute Kisten, erhöhte, geschützte Ebenen oder ein offenes Giebeldach.

Unsere Kaninchen graben wie Maulwürfe. Sollten wir die Höhlen zuschütten, um bessere Übersicht zu haben?
Nein, das wäre ja wirklich schade. Das Graben ist eine wichtige Beschäftigung für Ihre Tiere und verschafft ihnen zusätzlichen Raum. Den Überblick sollten Sie bei der Fütterung haben.

Ich habe zwei liebe Kaninchen-Brüder. Ist es wirklich notwendig, sie zu kastrieren?
Es ist dringend nötig, je schneller desto besser. Wenn sie einmal angefangen haben zu streiten, ist das Problem auch mit einer Kastration nicht mehr so leicht zu lösen.

Ich habe zwei Kaninchen-Weibchen gekauft; nun ist eines von ihnen trächtig. Muss ich sie trennen?
Nein. Nehmen Sie am besten überhaupt keine Veränderungen vor. Lassen Sie aber von einer Fachperson kontrollieren, ob das andere nicht vielleicht doch ein Bock ist, der kastriert werden sollte. Akzeptieren Sie die vorübergehend gesteigerte Gereiztheit der Zibbe und befassen Sie sich bereits mit der Geburtenregelung der Jungen.

Mein Tierarzt hat mir geraten, unser Kaninchen nach der Kastration eine Woche auf Zeitungen/Tüchern zu halten. Gehen sie danach nicht wieder aufeinander los?
Sie sollten sich an die Anweisungen der Fachperson, die die Operation vorgenommen hat, halten. Ich persönlich integriere kastrierte Kaninchen sofort wieder in die Gruppe, um sie nach einer Trennung nicht erneut dem Anpassungsstress auszusetzen, kontrolliere aber die Operationsgegend täglich.

Wir halten Kaninchen und Meerschweinchen zusammen. Muss ich sie getrennt füttern?
Wenn die Kaninchen sehr dominant sind, ist dies von Vorteil. Vom Futter her wählt man am besten ein Qualitäts-Meerschweinchenfutter mit Vitamin C für beide Tierarten.

Wir haben unseren drei Kaninchen ein Aussengehege von sechs Quadratmetern Grösse gebaut. Nun möchte eine Bekannte ihr Kaninchen dazugeben. Reicht dieser Platz für vier Tiere?
Ein Einzeltier in eine bestehende Gruppe von drei bereits revierbezogenen Tieren zu integrieren, wird bei diesem kleinen Platzangebot äusserst schwierig für den Neuling.

Kann ich zwei ältere Kaninchen noch an die Aussenhaltung gewöhnen?
Bestimmt. Mit viel Gefühl und täglicher guter Beobachtung ist dies möglich. Zudem sollten Sie für den Wechsel eine Warmwetterperiode abwarten.

Unser Aussengehege ist gross und es wächst noch viel Gras. Soll ich dennoch Rindenschnitzel einstreuen?
Bedecken Sie mindestens die vom Regen geschützten Orte mit trockenem Rindenmaterial. So können Sie das Gehege viel einfacher sauber halten, denn Urin und Kot gehen so nicht direkt in den Boden.

Unsere Kaninchen sind sehr schreckhaft und verschwinden beim kleinsten Geräusch ins Haus. Was kann ich machen?
Vielleicht befinden sich im Gehege zu wenig Unterschlüpfe wie seitwärts gekippte Harasse oder überhängende Äste, wo sich Ihre Kaninchen auch im Freien geborgen fühlen.

Ich möchte wissen, ab welchen Minustemperaturen es für die Kaninchen im Freien gefährlich wird.
Wenn sich Ihre Tiere immer frei bewegen können, das heisst in einem mindestens sechs Quadratmeter grossen, gut eingerichteten Gehege mit vielen trockenen, reichlich mit Heu ausstaffierten Unterschlüpfen und einer Hütte als Höhle, wird es für sie in unseren Breitengraden nie gefährlich. Zusätzlich sollte viel Energiefutter angeboten werden.

Ich habe nur weibliche Kaninchen, aber eines besteigt immer die anderen. Könnte es sich dabei um ein Böckchen handeln?
Kann sein, aber auch Weibchen bespringen Artgenossen. Dies kann hormonell bedingt oder auch eine Ausdrucksform von Dominanz sein. Ich würde noch ein kastriertes Böcklein integrieren; dies wirkt beruhigend auf die Gruppe.

Wir haben eine Kaninchenmutter mit ihrer Tochter. Warum sind die beiden immer so giftig zueinander? Sie waren doch stets beisammen.
Wenn Sie genügend Platz haben, nehmen Sie ein kastriertes Männchen dazu. Das wird die Situation etwas entschärfen.

Wir möchten unseren Kaninchen ein Aussengehege bauen, aber es ist jetzt schon Herbst und in der Nacht manchmal schon recht kühl. Ist das noch möglich?
Wenn Sie Ihren Tieren mehrere trockene Plätze, eine Hütte, erhöhte Ebenen etc. mit viel Heu anbieten und die Kaninchen sich jederzeit frei bewegen können, ist dies kein Problem.

Wir haben viele Füchse, die nachts ans Gehege kommen und unsere Kaninchen zu Tode erschrecken. Was können wir machen?
Sie sollten ihren Kaninchen viele Schutz bietende Unterschlüpfe wie Höhlen, ein Haus und verschiedene Nischen einrichten, damit sie sich gut verstecken können.

Wir halten Meerschweinchen und Kaninchen zusammen. Ich habe aber das Gefühl, die Meerschweinchen sind gestresst. Was muss ich machen?
Möglichst viele erhöhte Ebenen anbieten, wo sich die Kaninchen mit Vorliebe aufhalten. Zudem immer frisches Nagematerial reichen, damit die Tiere beschäftigt sind. Die Meerschweinchen ihrerseits brauchen zahlreiche Unterschlüpfe.

Wir haben eine Dreier-Kaninchengruppe, aber Rebi hält sich nur bei den Meerschweinchen auf und hat kaum Kontakt zu seinen Artgenossen. Was sollen wir machen?
Es wäre gut, für Rebi ein passendes, nicht zu dominantes Weibchen zu suchen und in Ihre Gruppe zu integrieren.

Wir haben Meerschweinchen und möchten nun noch Kaninchen anschaffen. Gewöhnen sie sich noch aneinander?
Nicht alle Kaninchen akzeptieren Meerschweinchen. Am besten ist es, wenn sie bereits mit Meerschweinchen zusammen aufgewachsen oder noch jung sind. Grössere Rassen akzeptieren Meerschweinchen meist recht gut. Voraussetzung ist aber, dass das Gehege genügend gross und hoch genug ist und gemäss den Bedürfnissen *beider* Tierarten eingerichtet wird.

Wir haben ein Kaninchen und ein Meerschweinchen in der Wohnung. Wir möchten das Beste für sie, haben aber keinen Platz für zwei weitere Tiere. Wozu raten Sie?
Ich würde für Ihr Kaninchen einen sehr guten Platz in einem Aussengehege mit Artgenossen suchen und dem Meerschweinchen einen Partner der gleichen Art zugesellen.

Ich kann von meiner Nachbarin ein fahrbares Gehege von fünf Quadratmetern Grösse übernehmen. Ist das zu klein für zwei Zwergkaninchen?
Verschiebbare Gehege sind weder ein- noch ausbruchsicher. Sie müssten die Tiere in der Nacht in die Hütte einsperren, was zu Aggressionen führen kann. Zudem werden verschiebbare Gehege meistens sehr mangelhaft eingerichtet. So werden Sie nicht lange Freude an Ihren Tieren haben.

Wir haben uns an Ihr Buch gehalten, doch unsere Kaninchen streiten immer.
Überprüfen Sie folgende Punkte:
- Ist Ihr Gehege gross genug, mindestens 6m^2 für drei Kaninchen plus zwei Quadratmeter pro weiteres Tier?
- Haben Sie genügend Unterschlüpfe in Form und Grösse von Obstharassen, mindestens zwei pro Tier?
- Sind Ihre Tiere ausreichend beschäftigt? Täglich frische Äste zum Nagen, Material aus dem Wald, Erdhügel zum Graben und Abwechslung im Gehege?

Geburtenkontrolle

Wir haben ein Kaninchenpärchen gekauft, das wir auf keinen Fall trennen möchten. Deshalb haben wir uns für die Frühkastration entschieden. Mein Tierarzt sagt mir aber, diese Operation sei nicht vor vier Monaten möglich, die Tiere müssten getrennt werden, um Nachwuchs zu verhindern. Was mache ich bloss?
Nicht jeder gute Tierarzt oder jede ausgewiesene Tierärztin haben dieses spezielle Fachwissen. Sie sollten sich für diesen speziellen Eingriff eine Fachperson mit Erfahrung im Bereich Frühkastration suchen.

Mein Fläckli wird fast alle zwei Wochen scheinträchtig und ist dann sehr unruhig. Ich möchte es kastrieren lassen, aber alle raten mir davon ab.
Der Kastrationsentscheid ist richtig. Nun sollten Sie noch einen Kleintierarzt oder eine Kleintierärztin mit Erfahrung finden, für die diese Operation kein Problem darstellt.

Ich habe meinen Bock kastrieren lassen. Wie lange muss ich ihn noch von den anderen Kaninchen trennen?
Das kommt darauf an, ob er zum Zeitpunkt der Kastration bereits geschlechtsreif war. Wenn ja, dann müssten Sie ihn noch mindestens zehn Tage lang getrennt halten. Nach dieser Zeit passiert normalerweise nichts mehr. War er weniger als drei Monate alt und damit noch nicht geschlechtsreif, können Sie ihn ohne Unterbruch in der Sippe belassen.

Unserem Liebling, einem Kaninchen-Weibchen, ist der Partner gestorben. Es ist jetzt fünf Jahre alt. Ist es möglich, das Tier noch einmal decken zu lassen?
Möglich ist es, aber sicher nicht sinnvoll. Es könnte Ihren Liebling das Leben kosten.

Kann man ein altes Kaninchen-Männchen noch kastrieren lassen?
Selbstverständlich. Mit den heutigen Anästhesie-Methoden ist das Risiko eines solchen Eingriffs auf ein Minimum gesunken.

Wohin soll man sich bei Fragen zur Kaninchenhaltung wenden?
Bei medizinischen Fragen kontaktieren Sie am besten Ihren Tierarzt. Für Haltungsfragen, Fragen zur Fütterung, Anpassung usw. steht Ihnen das *Nager-Beratungstelefon* zur Verfügung.

Das Nager-Beratungstelefon: 0900 57 52 31 (Fr. 2.13/Min.)

Diese Nummer ist nur in der Schweiz gültig und nur von einem Festanschluss möglich. Die vereinnahmten Gebühren kommen in vollem Umfang den heimatlosen, pflegebedürftigen Tieren der Nagerstation zu Gute.

Bei Fragen oder Problemen rund um die Kaninchen- und Meerschweinchenhaltung sind wir gerne für Sie da. Dank unserer langjährigen grossen Erfahrung in der Tierarztpraxis, der Nagerstation und am Nager-Beratungstelefon können wir Sie kompetent beraten bei:

- Überlegungen *vor* dem Erwerb von Kaninchen und Meerschweinchen
- Kauf oder Bau sowie Einrichtung eines Aussengeheges oder Vivariums
- Fragen zu Fütterung und Haltung
- Verhaltensproblemen
- Integration eines Tieres in eine fremde Umgebung oder Gruppe
- Erkrankung eines Tieres: Wir können Ihnen helfen zu beurteilen, ob und wie schnell Sie den Besuch in einer Tierarztpraxis einplanen müssen, da wir über ein breites Fachwissen und ein grosses Spektrum an medizinischer Erfahrung verfügen.

Mit dem Kauf von Zubehörartikeln oder durch die Benützung des Nager-Beratungstelefons unterstützen Sie heimatlose Tiere. Herzlichen Dank.

Kontakte aus dem Ausland: Unser Beratungstelefon ist nur in der Schweiz gültig. Sie können sich aber schriftlich, unter Beilage eines adressierten Retourcouverts und einer freiwilligen Spende an uns wenden.

Postadresse: Nagerstation, Postfach 62, CH - 8912 Obfelden

Homepage: www.nagerstation.ch

Ein Blick hinter die Kulissen der Nagerstation

Leider werden Tiere immer wieder unüberlegt und leichtfertig angeschafft und nach kurzer Zeit ihrem Schicksal überlassen oder weitergereicht. Im Folgenden geben wir einen kleinen Einblick in unsere teilweise sehr traurige Arbeit auf der Nagerstation:

Montag, 5. Juli 1999

- Frau D. aus Baden bringt sieben Kaninchen, die zwei Wochen alt sind. Ihre Nachbarin hat die Kaninchen-Mutter in einem konventionellen Käfig an die Sonne gestellt, wo sie einen Hitzschlag erlitt. Frau St. hat keine Zeit, die Jungtiere mit der Flasche aufzuziehen. Sie verpflichtet sich schriftlich, keine solchen Tiere mehr zu halten.

- Frau C. aus Rifferswil hat ein Meerschweinchen abzugeben, weil sie nicht bereit ist, ein zweites dazu anzuschaffen. Auf Grund unseres Tierplatzierungs-Vertrages darf sie das Tier nicht einzeln halten.

Dienstag, 6. Juli 1999

- Frau M. aus Lugano bringt sieben Kaninchen, ein Muttertier mit seinen sechs Jungen, sowie ein Meerschweinchen. Sie befürchtet, dass ihr Aussengehege zu sehr besonnt und zu klein ist bei dieser Hitze, und sieht keine andere Möglichkeit, als die Tiere wegzugeben.

Mittwoch, 7. Juli 1999

- Frau Sch. aus Spreitenbach bringt fünf Kaninchen: einen unkastrierten Kaninchenbock, ein Muttertier und drei Junge, die unter unbefriedigenden Bedingungen auf dem Balkon gehalten wurden. Die Besitzerin zieht bald um und hat zudem auch noch eine Allergie bekommen. Die männlichen Tiere werden alle unverzüglich kastriert, um weiteren Nachwuchs zu verhindern.

Freitag, 9. Juli 1999

- Herr G. aus Zürich gibt ein Kaninchen ab. Es war ein Geschenk an seine Frau, die aber nichts damit anfangen konnte, weil es kratzte und nicht kuscheln wollte.

Samstag, 10. Juli 1999

- Frau M. aus Nuolen bringt ein Kaninchen, das sich nicht in die Gruppe einfügt und auch mit Meerschweinchen auf Kriegsfuss steht. Es muss mit Fachwissen und viel Geduld an einen gutmütigen neuen Artgenossen angepasst werden.

- Frau B. aus Zürich überbringt ein unkastriertes Kaninchen-Männchen mit der Begründung, ihr Mann reagiere allergisch. Ausserdem scheuen die beiden die Kosten für die Kastration.

Montag, 12. Juli 1999

- Anonym werden nachts im Regen zwei unkastrierte Meerschweinchen-Männchen vor unserer Station deponiert.

- Herr T. aus Zürich bringt ein Kaninchen-Böcklein zum Kastrieren mit anschliessendem Ferienaufenthalt, will es dann aber doch lieber nicht mehr zurück.

- Frau M. aus Zürich bringt in einem Hamsterkäfig zwei Kaninchen. Das war zwei Jahre lang ihr Lebensraum. Sie können nicht mehr richtig auf den Pfoten stehen, weil ihre Krallen so lang sind! Frau M. hat die Tiere seinerzeit für ihre Kinder angeschafft; nun ziehen diese von zu Hause weg.

Dienstag, 13. Juli 1999

- Herr F. aus Lenzburg übergibt uns vier unkastrierte Meerschweinchen-Männchen, die fürchterlich aufeinander losgehen. Der Spass an Meerschweinchen sei ihm dabei vergangen und sie kastrieren zu lassen lohne sich ebenfalls nicht.

- Frau T. aus Zug bringt ein trächtiges Meerschweinchen. Sie hat es in der Zoohandlung gekauft, will aber lieber keine Jungen und die Zoohandlung ist nicht bereit, das Tier wieder zurückzunehmen.

Mittwoch, 14. Juli 1999

- Frau St. aus Bonstetten bringt ihr Meerschweinchen. Sein Artgenosse ist gestorben und man möchte im Moment keine Meerschweinchen mehr halten.

- Frau J. aus Obfelden gibt ihr übrig gebliebenes Kaninchen ab, dessen Kollege gestorben ist. Es war ein Geschenk und niemand will sich die Zeit nehmen, um das Tier zu pflegen.

- Frau B. aus Dübendorf findet keinen Ferienplatz für ihr Kaninchen. Und weil seine Haltung auch keine Freude mehr macht, möchte sie es doch lieber uns übergeben.

Die Nagerstation

Diese und noch viele andere abgeschobene, ausgesetzte und heimatlos gewordene Tiere pflegen und betreuen wir, kastrieren die Männchen und versuchen, die Charaktere der verschiedenen Kaninchen und Meerschweinchen zu erfassen, damit wir ein passendes neues Zuhause für sie finden können.

Der wichtigste Teil unserer Arbeit ist das Platzieren unserer Schützlinge, denn für sie sind uns nur die besten Lebensplätze gut genug:

- Wir möchten Tierfreunde ansprechen, die bereit sind, sich aktiv im Tierschutzbereich zu engagieren und die grosse Verantwortung für die ihnen anvertrauten Lebewesen zu übernehmen.

- Wir möchten Menschen ansprechen, welche die Anschaffung gründlich überlegen, gut planen oder bereits fundierte Erfahrungen im Umgang mit diesen Tieren besitzen.

- Wir legen sehr viel Wert auf gute Beratung und Unterstützung auch nach dem Kauf.

- Wir platzieren nur gesunde, kastrierte und gegen Parasiten behandelte Tiere, die bereits an die tiergerechte Grünfütterung gewöhnt sind.

- Bei uns kann man sowohl Jungtiere als auch ältere Tiere erwerben, denn oft wird ein Artgenosse für ein zurückbleibendes Tier gesucht.

- Damit man in aller Ruhe ein verstorbenes Tier ersetzen kann, raten wir, von Anfang an mindestens drei Artgenossen zusammen zu halten.

- Wenn Sie in eine bestehende Gruppe ein wirklich passendes Kaninchen integrieren möchten, ist es von Vorteil, uns Ihre Wünsche mit genauen Angaben wie Alter, Charakter und Geschlecht Ihrer Tiere schriftlich mitzuteilen und vielleicht ein Foto des Geheges beizulegen.

So können wir Kontakt mit Ihnen aufnehmen, sobald wir das passende Tier für Sie haben.

- Wir berücksichtigen keine Interessenten oder Interessentinnen, die möglichst schnell oder ganz günstig ein Tier erwerben möchten oder es nur für die Kinder anschaffen.

Weil im Handel tiergerechte Gehege nur schwer oder gar nicht erhältlich sind und nicht alle Tierfreunde gut basteln können, bieten wir die Gehege, die im Buch dargestellt sind, auch zum Kauf an. Mit dem Erwerb von Zubehörartikeln aus unserer Nagerstation unterstützen Sie zusätzlich heimatlose Tiere.

Schriftliche Anfragen für Tiere sind zu richten an:
Nagerstation, Postfach 62, CH-8912 Obfelden

Oder Sie erreichen uns über das **Nager-Beratungstelefon:**
0900 57 52 31 (Fr. 2.13/Min.). Zu Gunsten heimatloser Tiere.

Kontakte aus dem Ausland: Unser Beratungstelefon ist nur in der Schweiz gültig. Sie können sich aber schriftlich, unter Beilage eines adressierten Retourcouverts und einer freiwilligen Spende, an uns wenden.
Wir haben leider keine Möglichkeit, ins Ausland zu liefern. Sobald wir einen Vertriebspartner für Vivarium und Gehege gefunden haben, werden wir das umgehend auf unserer Homepage publizieren.

Homepage

Gerne begrüssen wir Sie auch auf unserer
Homepage: www.nagerstation.ch

Anhang

Dank

Ganz herzlichen Dank möchten wir Yvonne Lüssi, Prof. Dr. A. Steiger, Prof. Dr. E. Isenbügel, Fam. Hunziker, Anita Oehy und Ursula Schick aussprechen für ihre Mithilfe. Ebenso vielen Dank an Karin Bretscher, dass sie mich in der Nagerstation entlastet hat, sowie an Nadja Brunner und Jesssica Jetzer in der Praxis.

Fotos

Falls nicht anders vermerkt, stammen alle Fotos von der Autorin.

Bestelladresse Vivarium

Das bewährte Original-Tierschutz-Vivarium kann bestellt werden:

Direktverkauf:
Das Vivarium kann nach telefonischer Voranmeldung direkt bei uns in der Nagerstation in Obfelden abgeholt werden.
Verkauf und Beratung: 0900 57 52 31   (Fr. 2.13/Min. zu Gunsten heimatloser Tiere)

Versand:
Das Vivarium kann bei Imfeld AG, Tel. 0041 (0)41 660 55 55 oder info@imfeld-acryl.ch bestellt werden.

Register

A
Abgabealter 13
Abwechslung 30, 70
Anpassung **116ff**
Anschaffung 43, 91, **93ff**
Artgenossen 109, 169
Artgerecht 19ff
Äste 26, 68, 83, **150**
Aufzucht, mutterlos 152
Aussengehege 35, **45ff**
- Anforderungen 45
- Einrichtungsgegenstände **62ff**, 72
- Fehler 41, 55, 70
- Freilauf 38
- Futterecke 53, **64ff**
- Gehegearten 50ff, 56
- Gestaltung 61ff
- Grösse 46
- Handhabung 49
- Planung + Bau 33, **45ff**, 56ff
- Reinigung 71
- Schlafhütte **53**, 62ff
- Sicherheit 46ff, 57
- Standort 45
Aussenhaltung **33ff**, 90
- Aussengehege 35, **45ff**, 56
- Missverständnisse 41, 55, 70
- Planung 33
- Wetter 36

B
Baden 162
Balkonhaltung 86
Bauvorschläge 56ff
Befruchtung 135
Begeisterung 93ff
Beratungstelefon 187
Beschäftigung 20ff, 26f, 68, 149
Bewegung **25f**, 38, 86
Blähungen 140, **166**
Blinddarmkot **141**, 164
Brot 150

D
Domestikation 19
Durchfall 157

E
Eigenverantwortung 79
Einrichten
- Gegenstände **62ff**, 72
- Fehler 70
Einrichtungsgegenstände **62ff**, 72
Einstreu 73
Einzelhaltung **24**, 31, 110, 115, 127, 169, 174
erhöhte Ebene 65ff
Ernährung **139ff**
- Fehler 145, 157
- Futterumstellung 147
- Fütterungsplan 145
- Grünfütterung 146ff
- Heu 142ff
- Körnerfutter 149
- Mutterlose Aufzucht 152
- Nagematerialien 26, 67, 83, **149**
- Pflanzenfresser 139
- Tagesration 147
- Verdauung 140f
- Wasser 143f
- Winterfütterung 151

F
Feinde 47
Ferien 97
Fortpflanzung 127ff
Fragen 179ff
Freilauf 38
Fressverhalten 120, **148ff**
Frühkastration 130f
Futterstelle 53, 64ff
Futterumstellung 147
Fütterung siehe Ernährung
Fütterungsreihenfolge 143, 145

G

Geburt 133
Geburtenkontrolle **127ff**
Gehegearten 50, 56
- Flachdach 51
- Oben offen 52
- Pyramidenförmig 50

Geschlechtsbestimmung 135
Geschlechtsreife 136
Gesundheit 153ff
- Analregion 156
- Baden 162
- Beobachtung 153ff
- Durchfall 157
- Fell 160
- Gewicht 160
- Hautpilz 162
- Impfung 168
- Krallen 161
- Parasiten 156, **162ff**
- Sauberkeit 153, 164
- Tragen 156
- Zähne 26, **158ff**

Gewicht 160
Giftige Pflanzen 147
Graben 27, 87
Grundbedürfnisse 23ff
Grundnahrungsmittel 142
Gruppenhaltung 23f, 109, **113ff**, 169
- Anpassung 116ff, 123
- Einzelgänger 115
- Kombinationen 113ff
- Zusammenstellen 113, 122

H

Hase 17
Hautpilz 162
Heu 142ff
Hitze 36
Hitzschlag 37, 167
Höhle 28, 62ff
Hohler Baumstamm 62, 67
Homepage 193
Hügel 69
Hütte 53, **62ff**, 83, 87

I

Impfungen 168
Innenhaltung 77ff
- Käfige 78
- Tierschutznormen 78
- Zimmerhaltung 82

J

Jungtiere 134

K

Käfig 41, 78
Kälte 37
Kaninchenecke 82
Kastration **127ff**
- Männliche Tiere 127ff
- Weibliche Tiere 89, 132

Kiste 66ff
Kokzidien 163f
Kombinierte Haltung **171ff**
Kontrollen 154ff
- Täglich 148, 154
- Wöchentlich 155
- Monatlich 155
- Zähne 158

Körnerfutter 149
Kosten 34
Kotfressen 164
Krallen 161
Krankheiten 168

L

Langeweile 30
Lebenserwartung 42
Lebensraum **33**, 175

M

Maden 156
Magenüberladung 140, **165**
Männchen, unkastriert 104
Milben 163

N

Nachbar 46, 87
Nachwuchs 132
Nagematerial 26, 67, 83, **149**
Nagen **26**, 84
Nager-Beratungstelefon 187
Nagerstation 189ff
Nagetiere 26
Neugeborene 133

P

Parasiten 156, **162ff**
Prägung 133

R
Rangordnungskämpfe 118
Regen 37
Reinigung 71ff
Röhre 67
Ruhe 30

S
Schattenplatz 68
Scheinträchtigkeit 89
Schnee 37, 49
Sicherheit 46ff, 57
- Ausbruchsicherheit 46
- Einbruchsicherheit 47f
Sippentiere **23ff**, 77, 109, 173
Sozialkontakt 24, **109ff**, 122
Sozialverhalten **109ff**, 173
Stress 163ff
Strukturierung siehe Einrichtung
Stubenreinheit 84

T
Tierarzt 170
Tierschutznormen 78
Trächtigkeit 133
Tragen 156
Trennung 124, 169
Trommelsucht 140, **166f**

U
Überblick 29
Unterschlupf 28, 66, 72

V
Verantwortung 98ff
Verdauung 139ff
Verhalten siehe Sozialverhalten
Verhaltensänderung 154ff
Verhaltensstörung 81
Verhaltensweisen 28ff, **110ff**
Vermehrung 136

W
Wasser 143
Wetter 36
Wildkaninchen 15
Winter 37
Winterfütterung 151

Z
Zähne 26, **158ff**
Zimmerhaltung 82
Zoohandlung 102
Zuchtreife 137
Zufütterung kranker Tiere 152
Zwergkaninchen 13ff